Thomas Mühlhoff

JETZT ERST RECHT!
LABELGRÜNDUNG 2.0

Der Autor weist darauf hin, dass alle Inhalte in diesem Buch sorgfäl-
tig und gewissenhaft recherchiert wurden. Dennoch können falsche
Angaben nicht ausgeschlossen werden. Für dadurch ausgelöste
Schäden trägt der Autor keine Verantwortung. Konstruktive Kritik
und Verbesserungswünsche sind jederzeit willkommen.

Umschlaggestaltung: Jonas Holland-Moritz
Lektorat: Alexa Plätzer

Verlag und Herausgeber:
Thomas Mühlhoff, Vulkanstr. 6, 50735 Köln
www.label-gruendung.de

Bibliografische Information der Deutschen Nationalbibliothek
Die Deutsche Nationalbibliothek verzeichnet diese Publikation in
der Deutschen Nationalbibliografie; detaillierte bibliografische Daten sind im Internet über http://dnb.d-nb.de abrufbar.

ISBN 978-3-00-034080-2

Vorwort

So individuell Musik auch ist, eine Gemeinsamkeit teilen sehr viele Musikschaffende: die Musik soll-in welcher Form auch immer-zu ihrem Hörer gelangen. Das erfordert den passiven oder aktiven Einstieg in die Musikindustrie. Um die letztere Möglichkeit, dem aktiven Einstieg, geht es hier.

Es wird eine sehr attraktive und zeitgemäße Möglichkeit vorgestellt, Musik in eigener Verantwortung zu vertreiben. Das ist zwar mit viel Arbeit verbunden, bedeutet aber auch ein ungeheures Maß an Freiheit.

Als Gitarrist und künstlerischer Produzent habe ich im Jahr 2009 das Label „Hey!blau" gegründet. Was bei einer Labelgründung beachtet werden muss und wie Sie den Musikkonsumenten alle Vorzüge eines „Major Label Deals" garantieren, können Sie auf den folgenden Seiten erfahren. Dabei werde ich auf meine eigenen Erfahrungen zurückgreifen.

Neben Informationen, die eine Labelgründung betreffen, werden einige Randbemerkungen passieren, die zum globalen Verständnis des Musikgeschäftes beisteuern sollen und eventuell für die Seite des Musikers/Künstlers interessant sind.

Leider gibt es noch wenige verständliche Anleitungen dazu, wie man sich im Dschungel der Musikindustrie zurecht findet. Viele Erfahrungen müssen einfach, oftmals teilweise schmerzhaft und kostspielig, gemacht werden. Sie als Leser davor zu bewahren ist mein größtes Anliegen.

Sicherlich gibt es zu den hier verfassten Informationen auch viele weitere Anmerkungen und ausführlichere Schriften. Themengebiete wie Marketing, Steuerrecht, Businessplan, etc. kommen hier wesentlich zu kurz. Für Informationen aus diesen Bereichen möchte ich auf die Bücher anderer Autoren, die zahlreich und teilweise sehr gut geschrieben sind, verweisen.

Inhalt

6 Der Vertrieb

1. EINLEITUNG

Während sich die Musikindustrie immer lauter um schrumpfende Umsätze beklagt und dabei die Gestaltung des mp3-Handels auf Grund mangelnder Flexibilität und Fehleinschätzung des Ausmaßes über Jahre hinweg vernachlässigt hat, dürfen Sie sich als Labelgründer jetzt freuen: nie gab es in Deutschland so gute Gründe und Chancen ein eigenes Label zu betreiben und Musik zu veröffentlichen. Vom ersten Akkord des ersten Hits bis hin zum Verkauf der eigenen fertigen CD beim Einzelhändler ist jetzt alles in Eigenregie möglich. Dabei werden nebenbei noch der Onlinevertrieb und die Radiobemusterung mitgenommen.

Nach diesem Satz muss ich direkt wieder die Handbremse anziehen: ganz so einfach und – was das Geld betrifft – risikolos ist es nicht. Auch eine Chartplatzierung wird da nicht zwingend draus, vielleicht auch weil die Charts im klassischen Sinne nicht mehr bestehen. Selbst wenn Ihre Musik Hitgarantie versprüht: oftmals sind es große Budgets und gute Marketingstrategien, die dafür sorgen, dass selbst die nervigsten Songs im Radio gespielt werden.

Die Labelgründung an sich ist ein kleiner Schritt. Die Bezeichnung „Label" (= Etikett) sagt zunächst erstmal überhaupt nichts über die Art der Verwendung, Rechtsform, Inhalte, etc. aus. Jeder Mensch kann zu jeder Zeit formlos Labels gründen, so viele er möchte. In unserem Fall geht es aber konkret um die Gründung eines Musik-Labels mit dem Anspruch, Musik derartig anzubieten, dass sie am Kreislauf der Musikindustrie teilnehmen kann. Dadurch, dass das auch schon viele andere Labels tun, und zwar über Jahre hinweg, haben sich einige Strukturen gebildet, die den wirtschaftlichen Rahmen gestalten. Es gibt daher branchentypische Kriterien, die ein Label erfüllen sollte, um ernsthaft arbeiten zu können. Das betrifft beispielsweise auch die Abrechnungswege für Radiostationen, die einige Formalitäten erfordern. Diese zu kennen und zu „beschaffen" werde ich Schritt für Schritt erläutern.

Um diesen Baukasten zur eigenen Plattenfirma nutzen zu können, werden nun zunächst grundlegende Zusammenhänge und wichtige Institutionen beschrieben. Das Verständnis der Wirkung dieser Zusammenhänge halte ich für eine Grundvoraussetzung, um in diesem

Bereich der Musikbranche zu arbeiten.

2. DER DEUTSCHE MUSIKMARKT – IHRE CHANCE?

Wie auch andere Branchen ist der Musikmarkt ständig in Bewegung. Vielleicht ist aber gerade hier die Schnelllebigkeit besonders stark spürbar. Die (Musik)Industrie ist immer auf der Suche nach neuen Trends, die entweder etabliert werden müssen oder bedient werden wollen.

Ein weiterer Grund für diese Schnelllebigkeit ist, dass es im Musikgeschäft keine persönlichen Vorraussetzungen für das Ausüben eines Berufes gibt. Egal mit welchem Hintergrund, jeder kann sich Musiker nennen, als Produzent arbeiten, eine Produktions- und Vertriebsfirma gründen oder Star werden. Viele Unternehmen tauchen auf, teilweise mit professionellem Ansatz, teilweise von ambitionierten Amateuren geführt. Manche von ihnen verschwinden nach kurzer Zeit wieder. Auf Dauer etablieren sich in Deutschland meistens Leute, die wirklich qualifiziert und authentisch sind, gut reden können oder ein gutes Image haben.

Für Musiker und Tonträgerhersteller ist Deutschland verglichen mit anderen Ländern ein sehr lukratives Land. Zum einen können hier selbst Nischen- und Luxusprodukte „an den Mann" gebracht werden, zum anderen kommen viele in Deutschland lebende Musikschaffende in den Genuss, durch Musik den Broterwerb zu bestreiten. Zwar ist es auch in anderen Ländern nicht ungewöhnlich, seinen Beruf irgendwo zwischen Top-40-Band, Instrumentallehrer, Komponist oder Studiomusiker, etc. auszuüben, doch der Arbeitsmarkt für uns Deutsche kann durchaus als privilegiert bezeichnet werden. Gut bezahlte Konzerte, konzertantes Publikum, organisierte Partys, ausgebildete Musiker, das sind nur wenige Beispiele, die nicht in jeder Kultur üblich sind. Natürlich gibt es dennoch auch in unserer Gesellschaft die typischen Fragen wie diesen Klassiker hier: „Ach, Sie machen Musik? Was machen Sie denn sonst so den ganzen Tag? Mit Musik kannst'e doch kein Geld verdienen.".

Damit, dass Sie in Strukturen leben, in denen Musik einen Wert hat, der durch Geld ausgedrückt werden kann, sollten Sie und alle anderen Musikschaffende verantwortungsbewusst umgehen. Dabei geht es auch um die Wahl der Interpreten und die Qualität der Produktionen, die Sie mit Ihrem Label durchführen.

Major-Labels sind in diesem Punkt nicht immer die besten Vorbilder. Konzepte, die sich im Ausland bereits bewährt haben, werden aus wirtschaftlichem Erfolgsdruck mit der Brechstange auch in Deutschland eins zu eins eingeführt (siehe zum Beispiel „DSDS"). Aus Angst noch mehr Verluste einzufahren, sind internationale Plattenfirmen immer weniger bereit Risiken einzugehen und nationale, originelle Künstler zu pushen. Stattdessen werden die Inhalte oft möglichst flach gehalten, um den Massen unter keinen Umständen unangenehm entgegenzutreten; ein Konzept, das im Moment noch zu funktionieren scheint. Die Konsumenten hören sich auch den fünften gleich klingenden Song von „Pink" und ihren Kollegen gerne an. Die große Maschine hat es geschafft, ihren Konsumenten das Gefühl zu vermitteln, sie zufrieden zu stellen. Die kaufkräftigen Massen werden gezielt angesprochen und ihre Abhängigkeit von den Massenmedien forciert. Sobald sie einmal abhängig sind, haben es die großen Konzerne leicht, ihre oft minderwertigen Produktionen loszuwerden. Die dazu notwendigen Konzepte werden an Schreibtischen mit Marktforschern und Wirtschaftspsychologen entwickelt und wirken rein Profit maximierend.

Ihre Macht haben RTL und Co längst erkannt, andere Branchen wie die Mobilfunkbetreiber oder die Computerspielindustrie ziehen nach. Hier ist die Schnittmenge zwischen Industrie und kaufkräftiger Masse sehr hoch. Auch eine Getränkemarke, wie zum Beispiel Coca-Cola, tritt mittlerweile als Konzertveranstalter auf, wobei es neben Rock 'n Roll noch eine Menge weiterer Konsumangebote zu erleben gibt. Die großen Konzerne arbeiten als strategische Partner immer enger zusammen und die Konsumenten nehmen das hervorgebrachte Angebot gerne an.

Auf der Überhohlspur rast das Internet heran und darf durchaus als eine Art Ausgleich gesehen werden, in Form von Konkurrenz zu den bisherigen Strukturen. Noch ist es nicht zu 100 Prozent im Konsumverhalten und in der medialen Freizeitgestaltung der Deutschen angekommen, seine Auswirkungen sind jedoch bereits immens. Dass das Internet eine Erneuerung der Strukturen auch in der Musikindustrie erfordert, sofern man von der globalen Vernetzung profitieren möchte, haben die Verantwortlichen der Major-Labels lange nicht sehen wollen.

Laut Bundesverband Musikindustrie ist der Jahresumsatz der deutschen Musikindustrie innerhalb von zehn Jahren um 1 Mrd. Euro auf etwas über 1,5 Mrd. Euro gesunken. Die teuren und aufwändigen Strukturen, die die Major-Lables in den letzten 20 Jahren eingerichtet haben, können den Veränderungen am Markt nicht so schnell angepasst werden. Ihre Umsätze durch CD-Verkäufe werden immer geringer, parallel dazu wird die Konkurrenz durch steigende Verkaufszahlen kleinerer Tonträgerhersteller immer größer.

Jedes Jahr veröffentlicht der Bundesverband Musikindustrie einen Jahreswirtschaftsbericht. Die hier erfassten Zahlen machen die wirtschaftlichen Auswirkungen des Internets in Deutschland deutlich: der digitale Anteil des gesamten Jahresumsatzes betrugt im Jahr 2008 gerade einmal 7%, inklusive Klingelton- und Fulldownloads. Dieser Wert liegt in den USA beispielsweise bei 30%. Die Bedeutung der physischen CD ist in Deutschland im Moment noch sehr hoch, Singles und Alben erwirtschafteten, ebenfalls im Jahr 2008, 85% des Jahresumsatzes. Interessant ist, ob der wachsende digitale Markt in Deutschland den schrumpfenden physischen Sektor ablösen kann, ohne enorme Umsatzeinbrüche in Kauf zu nehmen.

Den Rückgang der Gesamtumsätze versucht die Industrie mit einer Verbesserung des Downloadgeschäfts zu stoppen. Als Verkaufsbremse in diesem Sektor galt eine Zeit lang der Kopierschutz DRM (Digital Rights Management), der das Abspielen gekaufter mp3s auf verschiedenen Geräten verhinderte. Downloadportale wie zum Beispiel „iTunes" und „Musicload" haben diesen Kopierschutz 2009 wieder abgeschafft, ebenso viele andere Anbieter weltweit. Dennoch passieren acht Mal so viele illegale Downloads wie legale.

Ein niedriges aber konstantes Dauergeschäft erlebt die deutsche Vinyl-Branche. Dieser Zweig erwirtschaftet nur 1% des gesamten Jahresumsatzes von 2008, kann dieses Niveau aber mit leichten Schwankungen seit Jahren halten.

Die Kultur und deren Erhaltung, sowie gesellschaftliche Verpflichtungen, spielen bei der Veröffentlichung von Musik bei einem Ma-

jor-Label im Genre „Mainstream" meistens keine Rolle. Die Verantwortlichen A&R-Manager stehen unter einem derartigen Erfolgsdruck, dass sie bei der Auswahl ihrer Künstler in erster Linie auf das
wirtschaftliche Potenzial achten. Die eben beschriebenen teuren
Strukturen funktionieren nur, wenn eine möglichst große und
kaufkräftige Zielgruppe erreicht wird. Trifft dies nicht zu, führt das
für Künstler und Plattenfirma zu einem Minusgeschäft. Ein Ver-
pflichtungsgefühl gegenüber (lokaler) Kultur und Qualität kann in
diesem internationalen Geschäft kaum berücksichtigt werden. Um
das finanzielle Risiko der Plattenfirmen zu verringern, müssen sich
die Künstler immer umfangreicher an ihr Label binden und werden
mit in die Verantwortung genommen. So ist es längst nichts Ungewöhnliches mehr, dass selbst bei Konzerten und dem Verkauf von
Merchandising Artikeln das Label mitverdient. Besonders die Interessen unbekannterer Künstler sind daher nicht immer mit denen
der Majors vereinbar, ohne dass große Kompromisse eingegangen
werden müssen.
Als Reaktion auf diese Missstände, unterstützt durch immer mehr
Möglichkeiten im Bereich der Selbstvermarktung, sprechen die folgenden Zahlen eine deutliche Sprache:
zurzeit liegt die Anzahl der Labelneugründungen in Deutschland
zwischen 400 und 500 neuen Labels pro Jahr. Diese neuen, kleinen
Indie-Labels können sehr zielgerichtet arbeiten und auch Regional-,
sowie Szeneinteressen verfolgen. Neben der Entstehung neuer Plattenfirmen, entscheiden sich auch immer mehr Bands dafür, Produktion und Vertrieb ihrer Musik selbst in die Hand zu nehmen. Das ist
Dank kostengünstiger Recording-Verfahren und digitalem Vertrieb
kein Problem mehr. Für die Konsumenten wird dadurch das Angebot immer reichhaltiger und vielfältiger. Parallel dazu steigt auch
das Musikangebot. Nicht nur die Beliebtheit des Internets als riesi-
ges Archiv, sondern auch der Erfolg von mp3-Playern, wie dem iPod,
oder mp3-unterstützenden Handys beschreiben unser ausgeprägtes
Interesse an Musik.

Dass der Musikgeschmack der Hörer nicht immer von „Außen" (den
Medien) kontrolliert werden kann, beweisen hoch frequentierte In-

ternetplattformen, wie zum Beispiel „Last FM". Bei diesem Interne-
tradio kann sich jeder Hörer seine eigene Playlist anlegen, was sich
als eine sehr beliebte Funktion herausgestellt hat. Die „Massen"
brauchen die Vorgabe der Medien nicht mehr, um darüber zu entscheiden, was gute und was schlechte Musik ist. Sie können und
wollen darüber selbst urteilen.

Spinnen Sie als zukünftige Teilnehmer am Musikgeschäft diese
Theorien doch mal etwas weiter: was passiert, wenn die Produkti-
onskosten zur Realisierung eines Songs weiter sinken, mehr echte
Musik verfügbar wird, die Konsumenten wählerischer werden,...

Das moderne Label sieht in etwa so aus: es entwickelt sich weg vom
reinen Tonträgerhersteller, hin zu einer Mischung aus Künstler, Label, Musikmanager, Promoter, Booker, Merchandiser und Ticketver-
käufer. Es ist flexibel und arbeitet kostensparend, aber dennoch authentisch, gemeinsam mit den Künstlern für den Konsumenten = die
Fans. Gute Ideen stehen in Zukunft nicht nur bei der Musik im Vordergrund, sondern auch, wenn es um Vertrieb und Promotion geht.
Immer mehr Dienstleister werden sich anbieten, spezielle Teilberei-
che der Labelarbeit projektweise zu übernehmen. Als Label werden
Sie auf Promoter, Makler für digitale Werbeanzeigen, Vertriebe etc.
zugreifen können, mit klar kalkulierbaren Kosten. Qualität und Niveau muss sich gegen „Amateurmasse" behaupten.

Bei allen Vor- und Nachteilen, die sich hinter unserer Musikindustrie verstecken, sollten Sie als Tonträgerhersteller vor allem Ihre eigenen Chancen erkennen und sie realisieren – was auch immer diese sind. Erfolgsrezepte gibt es nicht, jede Biografie ist anders und
kann trotzdem inspirieren.

3. LABELARBEIT

Label – Was ist das?

Ein Label ist eine Marke, unter der zum Beispiel Musik veröffentlicht wird. Die Firma, die hinter diesen Veröffentlichungen steht, wird als Tonträgerhersteller bezeichnet. Ein Tonträgerhersteller muss aber nicht unbedingt ein Label sein, dieser Begriff kann auch für andere Unternehmen gelten, zum Beispiel für ein Presswerk.

Es wird zwischen zwei Arten von Labels unterschieden: Major-Labels und Independent-Labels (auch Indie-Labels oder kurz „Indies" genannt).

Die Major-Labels nehmen mit knapp 80% den weltweit größten Marktanteil in der Musikindustrie in Anspruch. Zu ihnen zählen „Universal", „EMI", „Sony Music" und „Warner". Sie werden gerne mit der Bezeichnung „Big Four" geschmückt. Manche Tonträgerhersteller haben mehrere Labels, die je nach Genre und Zielgruppe unterschiedlich ausgerichtet sind.

Mit dem Label wird oft ein Musikstil, eine Generation oder gar ein Lifestyle verbunden. Bei dem Jazz Label „ECM" beispielsweise geht es noch darüber hinaus um eine spezielle Klangästhetik, die sich über Jahre hinweg etablieren konnte und einen starken Einfluss in der (Jazz)Szene hat. Oftmals funktionieren Labels als Filter für die Öffentlichkeit, durch deren Einsatz ganz spezielle Zielgruppen und Nischen erreicht werden können. Das Genre „House" hat beispielsweise so viele Subkategorien, dass es kaum noch als Genre funktioniert. Daher haben sich Labels auf einzelne Subkategorien fokussiert, wodurch die Konsumenten einen direkteren Zugang erfahren. Tonträgerhersteller, bei denen unter einem Label verschiedene Stilistiken veröffentlich werden, sind dennoch nichts Ungewöhnliches.

Bevor Sie ein Label gründen, sollte Sie sich überlegen, ob und wie Sie sich stilistisch positionieren. Wollen Sie mit Ihrem Label jede mögliche Produktion begleiten, von Heavy Metal bis Schlager, wollen Sie im Bereich des Mainstream-Pops agieren, oder vielleicht sowieso nur eigene Projekte durchführen? Vielleicht würden Sie auch gerne die Musik in Ihrer Region supporten. Alles ist möglich, Grenzen gibt es keine, aber gerade deshalb sollten Sie alle Ihre Möglichkeiten und Absichten einmal kurz reflektieren. Viele Entscheidungen können ohnehin nicht geplant werden, sondern sind Gewinner des Zufalls.

Wozu braucht man ein Label?

Die Funktion von Labels wurde aus Konsumentensicht gerade dargestellt und ist die wahrscheinlich wichtigste Funktion – die Filterfunktion. Gute Filter werden mit zunehmendem Angebot immer wichtiger. Ramsch von Qualität, Stilistik A von Stilistik B zu trennen und den Konsumenten Zugang zu verschaffen, da liegen die Chancen eines modernen Labels.

Doch es gibt auch praktische Gründe, warum ein Label gegründet werden kann. Das Label wird benötigt, um verschiedene Dienstleistungen innerhalb der Musikindustrie in Anspruch zu nehmen - vorausgesetzt Sie möchten ein handelsübliches Produkt anbieten. Beispielsweise die Zusammenarbeit mit der GVL und damit auch die Verwendung eines so genannten Labelcodes ist nur dann möglich, wenn Sie einen Gewerbeschein haben, der den Betrieb eines Musiklabels bescheinigt.

Inhaltlich vertritt das Label die Musik seiner Künstler gegenüber der Öffentlichkeit. Es präsentiert die Musik und ermöglicht es, dass sie auf den handelsüblichen Wegen konsumiert werden kann. Künstler und Label sind in der Regel vertraglich aneinander gebunden, wodurch das Label zum Beispiel gegenüber Sendeanstalten bei juristischen Angelegenheiten, oder für die Administration von Geldfluss als Ansprechpartner dient, sofern es um die veröffentlichten Musikaufnahmen geht.

Formal gesehen gibt es verschiedene Merkmale, die einen handelsüblichen Tonträger auszeichnen: eine EAN (eine Nummer, die sich hinter dem Strichcode auf Produkten verbirgt), ein Labelcode und ISRCs (international standard recording code, mehr dazu im Kapitel „Der ISRC") für die einzelnen Songs/Werke. Wenn die Musik dem Einzelhandel oder Sendeanstalten angeboten werden soll, regeln normalerweise Label und Vertriebsfirma eine derartige Auszeichnung.

16

Erscheinen verschiedene Projekte auf einem Label, so profitieren sie gleichermaßen voneinander. Zum einen kommen die Fans der einen Band schnell in Kontakt mit der Musik einer anderen Band und umgekehrt. Das kann für die Bands, wie für das Label sehr gut sein. Zum anderen hat ein Label, je erfolgreicher und größer sein Angebot ist, umfangreichere Kontakte, um die Künstler angemessen zu vertreten.

Hat ein Künstler ein eigenes Label, genießt er auch in Verhandlungen mit Geschäftspartnern (Einzelhändler, Booker, etc.) eine besondere Position. Er schafft sich dadurch sozusagen eine neue Identität, mit der er über die eigene Musik aus Sicht des Labels sprechen kann, anstatt aus der Sicht des Künstlers. Das lässt zumindest für den Gesprächspartner eine sachliche und unpersönliche Ebene entstehen.

Indies

Für uns interessant ist die Struktur und die Wirkungsweise eines Indie-Labels. Independents sind, wie der Name schon vermuten lässt, *unabhängige* Tonträgerhersteller.

Meistens arbeiten in diesen Unternehmen nur wenige Festangestellte, was das Arbeitsumfeld sehr familiär gestaltet. Für den Künstler ist das angenehm, weil er immer den gleichen Ansprechpartner hat und schnell ein Teil des Teams werden kann.

Die enge Zusammenarbeit zwischen Künstler, Label und Produktionsteam führt dazu, dass die Art der musikalischen Umsetzung in der Regel von allen Parteien gleichermaßen gewollt ist. Jeder kann sich mit der Musik identifizieren und steht hinter dem Projekt. Das authentische Image wird im Idealfall dem Künstler angepasst und nicht der Künstler einem Geschäftsmodell.

Ist eine Produktion abgeschlossen, kann sie entweder über einen Independent-Vertrieb beim Käufer landen, oder das Indie-Label arbeitet mit dem Vertrieb eines Major-Labels zusammen (mehr dazu siehe unter „Vertrieb").

Dadurch, dass die laufenden Kosten der Indies, im Vergleich zu denen der Majors, niedriger sind (geringere Lohnkosten, kompaktere

Strukturen, oftmals ein großes Maß an ideellem Einsatz, etc.), können sich Independent-Labels auch mit wenigen Produktionen pro Jahr finanzieren. Jede Produktion nimmt dabei einen hohen Stellenwert ein.

Sinkende Preise in der Musikherstellung (Computer, Software, Homerecording) und ein steigendes Aufkommen von Angebot und Nachfrage im Bereich der Onlineauswertung, werden die Arbeitsweise von allen Labels zwangsweise verändern.

An der Struktur der Indies wird deutlich, dass es nicht unbedingt nötig ist, eine große Manpower zu haben und eine Produktionsstraße bereit zu stellen, um handelsübliche CDs zu produzieren und Musik zu veröffentlichen.

Wir gehen jetzt weiter ins Detail und Sie werden sehen, dass Sie alles, was eine amtliche CD braucht, um als solche erkannt zu werden, in überschaubaren Schritten einrichten können.

Entscheiden Sie selbst, was mit Ihrer Musik passiert und was nicht!

4. WIRTSCHAFTLICHE GRUNDLAGEN UND ZUSAMMEN-HÄNGE

Neben musikalischen Inhalten und künstlerischem Ausdruck ist eine CD-Veröffentlichung mit einer Reihe finanzieller Ein- und Ausgaben verbunden.

Mit der öffentlichen Aufführung von Musik kann, begründet im Urheberschutzrecht, ohne enormen Mehraufwand Geld verdient werden. Im Laufe der Jahre hat sich dazu ein Kreislauf eingespielt, an dem verschiedenste Instanzen teilnehmen. Auf einer Seite wird Geld in den Kreislauf gegeben, an einer anderen Stelle wird dafür etwas ausgeschüttet. Dieser Kreislauf dreht und dreht sich. Sie können selbst entscheiden, ob sie dieses Spiel mitspielen, sich vielleicht nur teilweise daran beteiligen, oder gar nicht mitmachen wollen.

In den folgenden Kapiteln werden verschiedene Anlaufstellen und Geschäftspartner von Musikern und Labels erläutert, denen Sie im Labelalltag begegnen werden. Diese zu kennen und zu verstehen, wo Sie Ihren Platz innerhalb des Kreislaufes der Musikindustrie einnehmen, ist eine Grundlage, um als Label effektiv zu arbeiten und Fehler zu vermeiden.

Der Musikverlag

Das Urheberschutzrecht legt den Grundstein für die Arbeit der Musikverlage. In diesem Gesetz ist festgelegt, dass ein Autor (Komponist, Textdichter, Bearbeiter, Arrangeur) bei Verbreitung und öffentlicher Wiedergabe von Musik finanziell entlohnt wird. Diese Entlohnung wird nicht automatisch auf das Konto der Autoren überwiesen. So genannte Verwertungsgesellschaften, in Deutschland ist das die GEMA, können im Auftrag der Autoren handeln und die ihnen zustehenden Gelder bei entsprechenden Stellen einsammeln. Entsprechende Stellen können Radio- und TV-Stationen, Bars, Konzertveranstalter, etc. sein.

Die GEMA tritt also als Umverteilungsapparat auf, der Geld im Auftrag der GEMA-Mitglieder einsammelt und es nach Abzug einer Bearbeitungsgebühr an sie ausschüttet. Als Autor sollten Sie die Ausschüttungen auf ihre Richtigkeit hin überprüfen, hier wird gerne seitens der GEMA auch mal etwas vergessen.

An dieser Stelle wittert der Musikverlag seine Chance: er regelt für seine Autoren die Zusammenarbeit mit der GEMA, indem er die Songs im Namen des Autors bei der GEMA registriert und sich darum kümmert, dass die anstehenden Gelder auch tatsächlich ausgezahlt werden. Für diesen Service bekommt er Anteile an den GEMA-Einnahmen des Autors. Die prozentuale Beteiligung dieser Einnahmen hängt von den Verhandlungen zwischen Verlag und Autor ab. In vielen Fällen liegt eine Verteilung von 40:60 % (Verlag : Autor) zugrunde, bezogen auf die GEMA-Einnahmen. Dafür übernimmt der Verlag die gesamte Abrechnungsadministration.

Die Ausschüttungen der GEMA sind in Bezug auf die Einnahmen stark verzögert, ein Jahr auf das Geld zu warten ist keine Ausnahme. Die Ausschüttungstermine sind einmal im Quartal.

Neben dieser formellen Tätigkeit kann ein Musikverlag allerdings einen wesentlichen Einfluss auf den Erfolg seiner Autoren ausüben. Nicht alle Autoren sind gleichzeitig auch Live-Künstler. Viele verdienen ihr Geld ausschließlich durch Komposition, die anschließend von anderen Künstlern interpretiert wird oder anderweitig verwendet wird, zum Beispiel als Filmmusik. Gute Verleger betreuen Autoren verschiedener Genres und kennen die aktuelle Situation nationaler und internationaler Produktionen. Wenn bekannt wird, dass ein Interpret ein neues Album produziert, dieser aber keine eigene Stücke schreibt, dann versucht der Verleger dafür geeignete Musik aus seinem Repertoire gezielt anzubieten.

Die Qualität eines Verlages zeichnet sich, neben seinen Autoren, durch seine Mitarbeiter aus, die mit Kontakten in der Szene etabliert sind. Diese Leute werden Artist&Repertoire-Manager genannt, kurz A&Rs. Sind sie gut, wissen sie, wer für anstehende Produktionen verantwortlich ist und ob die Interpreten selbst komponieren oder Songs suchen. Sind sie noch besser, kennen sie auch Details über das Image, was dem Künstler oder der Band mit dem neuen Album gegeben werden soll. Das vereinfacht das Ziel gerichtete Schreiben für die Autoren und erhöht die Chancen auf den Erfolg, einen Song zu verlegen.

Beispiel:
Hat ein A&R erstmal eine Produktion gefunden, die zu seinem Repertoire und zu seinen Autoren passt, bietet er dem Produzenten oder dem Künstler einen Song aus seinem Katalog an. Das machen auch viele andere Songschreiber und Verlage. Sie alle nehmen an einem so genannten „Pitching" teil. Wer den Pitch gewinnt darf sich freuen, weil sein Song auf dem Album erscheint und bei öffentlicher Wiedergabe oder Verkauf (entsprechend der Gesetzeslage) Geld einspielt. Falls der Verlag keinen geeigneten Song in seinem Katalog hat, kann es zu einem Briefing kommen. Hierbei werden die Autoren über den Interpreten gebrieft. Dabei ist das Ziel, einen möglichst passenden Song für den Interpreten zu schreiben. Meistens sind diese Briefings sehr unkonkret und erfordern seitens der Autoren die eigene Auseinandersetzung mit dem Interpreten. Um möglichst den Geschmack des Künstlers zu treffen, ist es von Vorteil, ein gewisses Gespür dafür zu haben, worüber der Künstler gerne singen würde. Das gilt auch auf musikalischer Ebene, in der Wahl einer geeigneten Stilistik.

Die Art der Darstellung von Songs, die an einem Pitching im Bereich Mainstream teilnehmen, tendiert qualitativ zu fertigen Produktionen. Die Zeiten, in denen in der Küche mit Kassettenrekorder und Gitarre ein paar Songs aufgenommen wurden, sind, zumindest bei internationalen Pitchings, vorbei. Bereits hier sollte in der Regel ein schlüssiges Soundkonzept des Songs vorliegen, um auch mit hochwertigen Produktionen aus dem Ausland mithalten zu können. Auf die Stimme wird besonders geachtet, daher sollten nur top Sängerinnen und Sänger eingesetzt werden. Der Song, der den Pitch gewonnen hat, wird dennoch neu produziert, in Einzelfällen werden einzelne Einspielungen der Aufnahmen von der Vorproduktion übernommen.

Bei der Labelgründung ist abzuwägen, wie sinnvoll es ist, einen eigenen Musikverlag mit zu gründen. Je nach Ausrichtung des Labels und Auswahl der Projekte, können Argumente dafür oder dagegen

gefunden werden. Zur Gründung eines Musikverlages müssen Sie bei der „GEMA" den „Aufnahmeantrag für Musikverleger" stellen. Die Zusammenarbeit mit einem anderen Verlag kann in der Startphase eines Labels nicht nur eine Zeitersparnis sein, sondern erschließt auch neue Kontakte und Geschäftspartner mit entsprechenden Kompetenzen. Dennoch sollte klar sein, dass der Verlag im Falle einer Veröffentlichung stets ordentlich mitverdient, dafür aber auch einen Mehraufwand hat!
Als Alternative mit etwas geringerem Aufwand können Sie eine Edition gründen.

Die Edition
Eine Edition ist ein Verlag, dessen Verlagsarbeit von einem anderen Verlag ausgeführt wird. Die Rechte an den Songs liegen weiterhin bei der Edition. Dabei verdient Ihre Edition mehr als wenn die Rechte an den Songs direkt bei einem anderen Verlag lägen. Zudem profitieren Sie von der Erfahrung des Verlags und der administrativen Unterstützung.

In der Praxis:
Sie veröffentlichen Ihre eigene Musik
Veröffentlichen Sie in erster Linie eigene Songs, die eventuell bei der GEMA bereits auf Ihren Namen registriert wurden, ohne Angabe eines Verlages, müssen Sie ohnehin den bürokratischen Aufwand in Kauf nehmen, um die Ausschüttungen der GEMA zu kontrollieren. Sie erhalten aber auch die 100 prozentige Ausschüttung, ohne sie mit einem Verlag teilen zu müssen.

Ihr Label nimmt eine Band unter Vertrag, die ihre Songs selber schon bei der GEMA angemeldet hat
Nehmen Sie als Label eine Band unter Vertrag, die ihre eigenen Kompositionen selber bei der GEMA angemeldet hat, verdient das Label an der Nutzung des Urheberrechts natürlich auch nicht mit. Treten Sie als Produzent auf, zahlen Sie sogar indirekt (über die GEMA) bei der Vervielfältigung der CD für die Nutzung des Urheberrechts an die Band.

22

Sie können aber auch jederzeit bereits bei der GEMA angemeldete Werke in einen (eigenen) Verlag aufnehmen.

Eine Band hat ihre Songs noch nicht bei der GEMA angemeldet
Hat die Band ihre Songs noch nicht bei der GEMA angemeldet, könnten Sie das mit Ihrem eigenen Verlag übernehmen, inklusive aller dargestellten Verpflichtungen.

Eine Band findet die GEMA doof und weigert sich mit ihr zusammen zu arbeiten
Auch diese Situation ist Standard. Da die GEMA in vielerlei Hinsicht sehr undurchsichtig ist und gelegentlich durch negative Schlagzeilen auf sich aufmerksam macht, ist das nicht unverständlich. Niemand ist gezwungen, die ihm zustehenden Zahlungen für die Nutzung des Urheberrechts geltend zu machen. Auch Musik, die nicht bei der GEMA angemeldet ist, kann von Ihrem Label veröffentlicht werden! Für den Fall, dass diese Musik zum Beispiel im Radio eingesetzt wird, ist es dann aber schwieriger an das Geld für die Nutzung des Urheberrechts zu kommen.
Eine rückwirkende GEMA-Anmeldung von Werken, innerhalb eines Kalenderjahres ist unter gewissen Umständen möglich.

Die Ausmaße des Verlagsgeschäfts sollten Sie nicht unterschätzen. In Einzelfällen ist es ratsam, die Verlagsrechte an einen externen Verlag abzugeben, um im Gegenzug dazu einen Vertriebsdeal mit guten Konditionen zu verhandeln. Major-Labels haben nicht nur weltweite Vertriebsstrukturen, sondern auch eigene Verlage. Die Verhandlungsbasis wird breiter, wenn Sie neben dem Vertriebsrecht auch Teile der GEMA-Einnahmen verhandeln können.
Für viele Projekte ist die GEMA eher ein Kostenfaktor, der sich auf Grund der Auswertung der Musik nicht rentiert (keine Radioeinsätze, wenige Auftritte, u.s.w.). Ist diese Situation abzusehen, sollten Sie die Zusammenarbeit mit der GEMA doppelt abwägen.

Künstler, Komponist und Produzent

Je nach Projekt arbeitet ein Tonträgerhersteller mit verschiedenen Berufsgruppen zusammen. Liegt der Zusammenarbeit zwischen Künstler und Tonträgerhersteller zum Beispiel ein Bandübernahmevertrag (der Name stammt aus der Zeit, in der noch mit Bändern gearbeitet wurde, daher wird er nicht engl. „Bändübernahmevertrag" sondern Bandübernahmevertrag ausgesprochen) zugrunde, ist die auszuwertende Musik in der Regel schon pressfertig.

Es kann allerdings auch sein, dass der Künstler nicht selbst komponiert. Dann wird ein Komponist benötigt, der Songs schreibt und eventuell ein künstlerischer Produzent, der diese Songs im Anschluss realisiert. Für Sie als Labelinhaber kann es nie schaden, sowohl Komponisten, als auch Produzenten und Studios verschiedener Genres zu kennen.

Produzenten werden in künstlerische und wirtschaftliche Produzenten unterteilt. Der künstlerische Produzent organisiert die musikalische Herstellung oder führt sie selber aus. Der wirtschaftliche Produzent ist zum Beispiel der Tonträgerhersteller, er verantwortet die wirtschaftlichen Aspekte. Natürlich gibt es auch künstlerische und wirtschaftliche Produzenten in einem.

Die Verwertungsgesellschaften GEMA und GVL

Dem Urheber eines Werkes stehen Verwertungsrechte zu. Die kann er in Form eines Vergütungsanspruchs wahrnehmen, muss es aber nicht. Vergütungsansprüche entstehen immer gegenüber Nutzern urheberrechtlich geschützter Werke. Das Verwertungsrecht wird noch weiter unterteilt in Erst- und Zweitverwertung. Die Erstverwertungsrechte umfassen das Aufnahme-, Vervielfältigungs- und Verbreitungsrecht. Diese Rechte beziehen sich auf die Werke des Urhebers und können auf Dritte gegen die Zahlung einer Lizenz übertragen werden. In der Musikbranche lassen viele Autoren die Wahrnehmung des Erstverwertungsrechts von der GEMA ausführen.

Die Zweitverwertungsrechte betreffen die Leistungsschutzrechte, die Künstler/Interpreten, aber auch Tonträgerhersteller an einer bestimmten Aufnahme haben. Auch diese Rechte sind gegen Zahlung einer Lizenz übertragbar. Die Leistungsschutzrechte stehen mit dem Urheberschutz nicht in Konkurrenz. Sie werden in der Regel von der GVL im Auftrag der Künstler/Interpreten und Tonträgerhersteller wahrgenommen und die Lizenzeinnahmen durch die GVL an beide Parteien weitergeleitet.

GEMA	GVL
Urheberschutzrecht	Leistungsschutzrecht
Mitglieder	Mitglieder
Musikverlage Komponisten Texter Arrangeure Bearbeiter	Musiker (Interpreten) Produzenten(künstlerisch) Labels

GEMA

Die GEMA (Gesellschaft für musikalische Aufführungs- und mechanische Vervielfältigungsrechte) ist eine Verwertungsgesellschaft, die im Auftrag von Textern, Komponisten und Musikverlagen agiert. Ist ein Künstler durch einen Berechtigungsvertrag an die GEMA gebunden, ist es die GEMA, die bei öffentlichen Aufführungen seiner Musik Geld einsammelt. Die GEMA treibt auch bei der Vergabe von Aufführungs- und Senderechten Geld ein, zum Beispiel an Funk- und Fernsehsender, und bei der Vergabe von mechanischen Vervielfältigungsrechten, die beim Pressen einer CD entstehen. All diese Gelder werden dann abzüglich einer Bearbeitungsgebühr an die involvierten Autoren wieder ausgeschüttet. Die Höhe und die Regelmäßigkeit der Ausschüttung ist vor Produktionsbeginn nicht pauschal zu benennen, da sie abhängig von der Nutzung der Musik ist.
Entstehen Einnahmen durch Nutzung der Musik im Ausland, arbeitet die GEMA mit vergleichbaren Organisationen in entsprechenden Ländern zusammen.
Wird einer Ihrer Songs (oder ein Song aus Ihrem Verlag) von eine

Coverband gespielt, dann müsste sie, weil Sie der Urheber sind (oder Sie die Verlagsrechte haben), ein Nutzungsrecht von Ihnen eingeräumt bekommen und eine Lizenzgebühr an Sie entrichten. Damit die Coverband nicht bei jedem verwendeten Autor oder dessen Verlag anrufen muss, um die Zahlung der Lizenzgebühren zu organisieren, übertragen die Autoren üblicherweise der GEMA die Abwicklung und Überwachung dieser Nutzung. Die Coverband wendet sich dann an die GEMA, die treuhänderisch die Rechte der Autoren verwaltet, Nutzungsrechte gegen Zahlung von Lizenzgebühren vergibt, ein Inkasso nach Tarifen durchführt und eingenommene Lizenzen in Form von Tantiemen an die Autoren ausschüttet.

Ersetzen Sie jetzt einfach das Wort „Coverband" durch „Radio" und Sie werden merken, dass auch für Musik, die im Radio gespielt werden soll, eine GEMA-Mitgliedschaft viele Organisation erspart.

Die Ausschüttungen, die bei dem Einsatz durch Radio- und TV-Sendern entstehen, sind bei allen Komponisten und Verlagen sehr begehrt. Hier müssen die Sendeanstalten je nach Sendegebiet und Einschaltquote tief in die Tasche greifen, was den im Radio gespielten Künstlern zu Gute kommt.

Nicht alle Radio- und TV-Sender zahlen automatisch an die GEMA. Unter bestimmten Voraussetzungen ist ein Radio nicht abgabepflichtig. Eine entsprechende Auflistung finden Sie auf der Homepage der GEMA.

Kommentar:
Umso bedauerlicher ist es, dass immer weniger Radiosender die Bands in ihrer Region durch einfaches Spielen ihrer Lieder fördern, sondern immer wieder auf internationale Interpreten zurückgreifen. Man hört auch oft von Deals mit Major-Labels, in denen beispielsweise die neue Single von Phil Collins nur dann zwei Wochen vor der Veröffentlichung beim Radiosender landet, wenn auch die neue Scheibe von „The Black Eyed Peas" in der A-Schleife täglich gespielt wird.

Seit einiger Zeit gerät die GEMA immer stärker in die Kritik, da ihr nur schwer nachvollziehbare Berechnungen zur Verteilung der Gelder und ein zu großer Kostenapparat vorgeworfen werden. Auch

Konzertveranstalter beklagen sich über hohe Abgaben an die GEMA, wodurch die Arbeit von vieler Künstlern sowie kleinere Veranstaltungen kaum noch zum Broterwerb beitragen können. Manche Veranstalter von Live-Konzerten arbeiten aus diesem Grund ausschließlich mit Bands zusammen, deren Musik nicht GEMA-pflichtig ist. In Zukunft wird auch die Abrechnung von Internetradios ein immer größeres Thema werden, was bisher aus Sicht einiger Musiker nicht zufriedenstellend gelöst wurde. Manche Webradios bieten eine direkte Vergütung für die Künstler an, die häufig gespielt werden, außer sie sind in einer Verwertungsgesellschaft. Als GEMA-Mitglied bleiben Sie in diesem Fall außen vor und gehen je nach dem leer aus. Das beschreibt sehr gut die Diskrepanz zwischen der positiven Entwicklung für Nischenprodukte und der unflexiblen Abrechnungspraxis der GEMA. Wie auch immer - ist ein Autor groß im Geschäft und nimmt er an der GEMA-Ausschüttung im großen Stil teil, ist er fein raus. Ist der Autor in einem Bereich tätig, wo das System nicht richtig greift, Ausschüttungen gering ausfallen oder eine GEMA-Mitgliedschaft sogar zum Verhängnis wird, kann er sich schon mal unfair behandelt fühlen.

Beide Seiten einander anzugleichen ist eine Herausforderung, die hoffentlich gemeistert wird. Aber eines ist klar: die GEMA ist im internationalen Vergleich eine sehr sorgfältige Verwertungsgesellschaft und ihre Arbeit ist sehr wichtig; für einige Künstler gar die einzige Einnahmequelle. Zugleich ist sie nicht unerlässlich, um mit Musik Geld zu verdienen.

Dass die GEMA überhaupt für Komponisten, Bearbeiter, Arrangeure, Texter und Verlage arbeiten kann, hängt, wie bereits gesagt, mit dem Urheberschutzrecht zusammen. Das sieht eine Vergütung der Auswertung des Urheberrechts vor, was Sie automatisch besitzen, wenn Sie an der Schöpfung eines Werkes beteiligt sind. Ein Werk ist damit ab Entstehung bis 70 Jahre nach Ihrem Tod urheberrechtlich geschützt. In Deutschland kann dieses Urheberrecht auch nicht – anders als in anderen Ländern – auf andere Personen übertragen werden, nur dessen Nutzungs- und Verwertungsrechte.

Entscheiden Sie sich dazu, der GEMA beizutreten, müssen Sie mit ihr einen Berechtigungsvertrag abschließen. Das Recht, alle hier beschriebenen Maßnahmen durchzuführen, übertragen Sie damit ausschließlich der GEMA und zwar für alle Kompositionen, Bearbeitungen, Texte, Arrangements, etc., an denen Sie beteiligt sind. Es kann nicht projektweise entschieden werden, ob die Rechte Ihrer Arbeit durch die GEMA wahrgenommen werden sollen oder nicht.

Das bringt Sie unter Umständen hin und wieder in eine unvorteilhafte Position: für manche Aufträge kommen Sie als GEMA-Mitglied nicht in Frage, weil sich einige Musiknutzer weigern, die entsprechende GEMA-Gebühren zu bezahlen (Musik für Computerspiele, Filmmusik, Werbemusik, usw.).

Dass man seine Songs bei der GEMA anmeldet, um sie vor Diebstahl zu schützen, ist ein weit verbreiteter Irrglaube. Die Angaben zur Meldung der Songs bei der GEMA verdeutlicht das: um einen Song anzumelden, wird ein Formular ausgefüllt, auf dem Werktitel, Komponisten, Textdichter, Gattung, Bearbeiter, Verlag, Interpret, Spieldauer, Besetzung und ein Textauszug angegeben werden. Im Unterhaltungsmusiksektor werden keine Hörproben archiviert, die in einem Streitfall den Erfinder des geistigen Eigentums nachweisen könnten. Dazu ist die GEMA auch nicht da.

Je nach Gattung der Musik kann es notwendig sein, Noten einzureichen, die eine vom Autor gewünschte Kategorisierung in ein bestimmtes Genre rechtfertigen. Je nach Genre fällt die Höhe der Ausschüttung sehr unterschiedlich aus.

Der Aufschrift GEMA, umrahmt von einem kleinen Kasten, wird oft auf CDs gedruckt und signalisiert, dass es sich um GEMA-pflichtige Musik handelt. Damit ist die Nutzung der Urheberrechte erlaubt, muss aber über die GEMA abgerechnet werden.

Die GEMA-Mitgliedschaft kostet derzeit 25,56 Euro pro Jahr, beim Anmelden wird außerdem eine Anmeldegebühr von derzeit 51,13 Euro erhoben.

Informationen und Kontakt:

GEMA-Generaldirektion Berlin
Bayreuther Str. 37
10787 Berlin
Telefon: 030 / 21245 / 00
Telefax: 030 / 21245 / 950

GEMA-Generaldirektion München
Rosenheimer Str. 11
81667 München
Telefon: 089 / 48003 / 00
Telefax: 089 / 48003 / 969

E-Mail: gema@gema.de
Internet: www.gema.de

GVL

Die GVL (Gesellschaft zur Verwertung von Leistungsschutzrechten) ist, wie auch die GEMA, eine Verwertungsgesellschaft. Sie führt die Wahrnehmung des so genannten Leistungsschutzrechts durch, was die Vergütung einer erbrachten Leistung vorsieht, wenn sie öffentlich aufgeführt wird. GVL-Mitglieder können ausübende Künstler und Tonträgerhersteller sein. Spielen Sie beispielsweise die Gitarren bei der neuen Platte der Band „Galaxis-Pop" ein, die anschließend im Radio gespielt wird, nehmen Sie am Jahresende, sofern Sie Mitglied der GVL sind, an einer Ausschüttung teil, da Sie eine Leistung erbringen, deren Vergütung durch das Leistungsschutzrecht begründet ist. Sie brauchen dazu nicht der Urheber des Songs sein, sondern allein die Tatsache, dass Sie diese Leistung erbracht haben, macht Sie zum Nutznießer des Leistungsschutzrechts. Die Höhe der Ausschüttung hängt vom Sendeeinsatz ab.
Um Leistungsschutzrechte in Anspruch zu nehmen, sollten Sie sich durch die GVL als ausübender Künstler oder/und als Label vertreten lassen. Das geschieht über einen Wahrnehmungsvertrag, durch den

Sie die GVL berechtigen, das Inkasso für Lizenzzahlungen, die Ihnen als Leistungsschutzberechtigte/n zustehen, durchzuführen. Dieses Geld wird in Form von Tantiemen am Jahresende an Sie ausgeschüttet.

(Mehr dazu auf der GVL-Homepage unter „ARTSYS" und „TRISYS".)

Bis Ende 2010 konnten Musiker auch durch die Vorlage von Honorarabrechnungen nachweisen, dass sie an Einspielungen teilgenommen haben und wurden, sofern die Aufnahmen veröffentlicht wurden, mit Pauschalzahlungen belohnt. Dabei spielte der Sendeeinsatz keine Rolle. Durch die Umstellung auf eine sendegenaue Abrechnung fallen diese Pauschalzahlungen weg. Für Musiker und Tonträgerhersteller, die kleine Produktionen realisieren, die womöglich wenig Radioeinsätze haben, ist dieses neue System ganz klar nachteilig.
Für diejenigen, die auch in ausländischen Radios gespielt werden, könnte sich ein Vorteil ergeben, da die GVL ihre finanziellen Vorderrungen zukünftig besser gegenüber ausländischen Verwertungsgesellschaften stellen kann. Die Umstellung auf eine Abrechnung über „ARTSYS" und „TRISYS" ist die Folge der Angleichung von Verwertungsgesellschaften innerhalb der EU.

Neben ausübenden Künstlern gehören auch Tonträgerhersteller der GVL an. Auch sie verdienen bei einer öffentlichen Aufführung ihrer Produktionen mit, da Sie ebenfalls Leistungsschutzberechtigte sind. Der GVL als Label beizutreten ist daher dringend zu empfehlen, da sie die Nutzung der Musik überwacht und dem Label zustehende Gelder stellvertretend einfordert. Diese Forderungen werden in Verträgen zwischen GVL und Sendeanstalten reguliert. Die Sender erkennen anhand eines auf der CD angebrachten Labelcodes, dass die Aufnahmen gesendet werden dürfen und die Abrechnung der dadurch genutzten Leistungsschutzrechte über die GVL erfolgt.
Ein Tonträgerhersteller könnte auch versuchen, die Wahrnehmung der Leistungsschutzrechte selbst zu organisieren. Das würde allerdings für Label und Sendeanstalt einen enormen Mehraufwand dar-

stellen. In der Praxis würde das bei einem Radiosender nur schwer auf positive Resonanz treffen und eventuell die Chance, gespielt zu werden, ausschließen.

Gegenüber der Labels hat die GVL bisher jährlich nach Sendeminuten pro Label abgerechnet. Wie bei den Künstlerangelegenheiten wird auch dieses Abrechnungsverfahren ab 2011 auf eine Song-genaue Abrechnung umgestellt. Es wird also nicht nur berücksichtigt, wie viel Musik von einem bestimmten Label gespielt wird, sondern auch welche Songs. Die entsprechende Datenbank für Tonträgerhersteller finden Sie auf der GVL-Homepage unter „TRISYS".

Egal, ob Label, Künstler, Produzent, o.ä., es ist ratsam, über die entsprechenden Formulare (mit Hilfe von „ARTSYS" bzw. „TRISYS") der GVL alle Produktionen mitzuteilen, an denen Sie mitgewirkt haben. Nur so können Sie an den Ausschüttungen teilnehmen, die Ihnen zustehen. Wird eine Produktion im Radio gespielt, aber die GVL weiß nicht, dass Sie daran beteiligt waren, können Sie bei einer Ausschüttung auch nicht berücksichtigt werden.
Wie die GEMA-Abgaben, werden auch die GVL-Abgaben nicht von allen Radio- und TV-Sendern bezahlt. Eine entsprechende Auflistung finden Sie auf der Homepage zu diesem Buch unter

www.label-gruendung.de/downloads.

Woher bekommt die GVL ihre Gelder?
Wie oben beschrieben, geben die Sendeanstalten über eine so genannte Musikmeldung an, welche Songs sie gespielt haben. Über diese Angaben wird dann mit der GVL abgerechnet. Dies ist mit ca. 60% der größte Anteil der Einnahmen, die die GVL hat. Weitere Einnahmen, die teilweise indirekt erfolgen, entstehen durch:

- Kabelbetreiber
- Gaststätten, Diskotheken, Fluggesellschaft, etc.
- Hersteller von Aufnahmegeräten und Leerdatenträgern

- Videotheken
- Öffentliche Bibliotheken
- Schulbuchverlage

 = Geldfluss

Downloadanbieter
Labels
Vervielfältigung
Laufaufführungen
Wiedergabe von Musik z.B. in Bars
Auslandsnutzung
Sendeanstalten (Radios, TV, etc.)

Kabelbetreiber
Gaststätten, Diskotheken und Fluggesellschaften
Hersteller von Aufnahmegeräten und Leerdatenträgern
Videotheken und Verleihern
Öffentliche Bibliotheken
Schulbuchverlage
Ausländische Verwetungsgesellschaften

GEMA

GVL

Komponisten
Texter
Arrangeure
Bearbeiter

Verlage

Labels

Künstler
Interpret

Notendruck
Bearbeitungen
Film, Spiele, Synchronisation
Werbung

Sublizenzierung
Film, Spiele, Synchronisation
Werbung
Kopplungen
Vertrieb

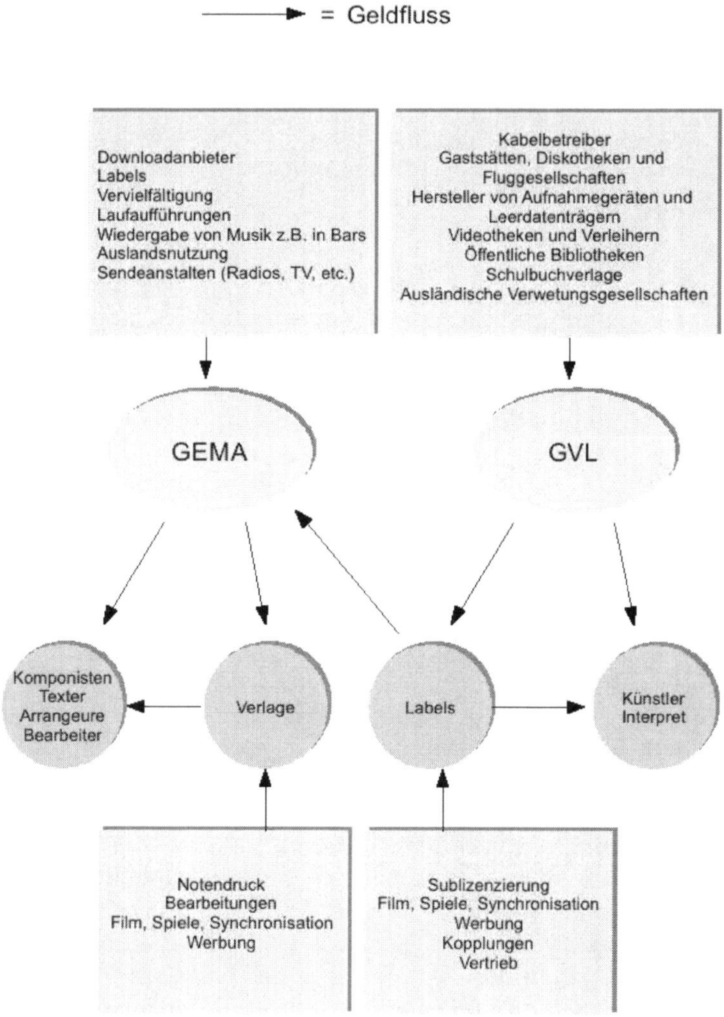

Labelcode (LC)

Der LC spielt bei Sendeanstalten zur Abrechnung mit den Lizenzgebern eine große Rolle. Dieser Code signalisiert, dass es sich um eine handelsübliche Veröffentlichung handelt, bei der die Lizenzzahlung für die öffentliche Nutzung des Leistungsschutzrechtes über die GVL abgewickelt wird.

Damit nachvollziehbar ist, auf welchem Label die gespielte Musik veröffentlicht ist, wird auf der CD gut sichtbar ein Labelcode (LC) angebracht, der an den Labelnamen gebunden ist. Ist ein Label der GVL beigetreten, wird automatisch ein Labelcode (LC) vergeben.

Für die erste Produktion, die auf einem Label erscheint, muss Folgendes beachtet werden: erst wenn das Label eine CD-Pressung nachweisen kann und mit den beteiligen Musikern geeignete Verträge geschlossen hat, kann ein Wahrnehmungsvertrag mit der GVL geschlossen werden. Die dabei angegebene Pressung darf nicht länger als drei Monate zurückliegen. Außerdem müssen in den Verträgen mit den beteiligten Musikern bestimmte Rechtsübertragungen erfolgen, die nötig sind, damit das Label eigenständig mit den Aufnahmen arbeiten darf. Hierbei handelt es sich vor allem um die Übertragung der Leistungsschutzrechte von den Künstlern auf das Label. Beim Ausfüllen des „Wahrnehmungsvertrags Tonträgerhersteller" wird auf diese Inhalte deutlich hingewiesen.

Für Sie als Label ist es unabhängig von der GVL sehr wichtig, dass die Leistungsschutzrechte an den Vertragsaufnahmen bei Ihnen liegen. Sie haben sonst nur eingeschränkte Möglichkeiten, die Musik ernsthaft zu verwenden. Bei der Zusammenarbeit mit Vertrieben beispielsweise müssen Sie über diese Rechte verfügen.

Kommt der Wahrnehmungsvertrag mit der GVL zustande, werden Sie feststellen: die CDs sind schon fertig hergestellt, aber Ihr Grafiker konnte bei der Gestaltung des Artworks den LC nicht berücksichtigen, weil Sie Ihn noch nicht zugeteilt bekommen haben. Um dieses Problem zu lösen, stellt die GVL Klebeetiketten mit dem entsprechenden LC zur Verfügung, die auf den CDs, die für die Radiobemusterung gedacht sind, angebracht werden können. Normale Verkaufsexemplare haben ohne LC keinen Nachteil, wohingegen die Radiostationen darauf angewiesen sind, um zu erkennen, dass sie die Airplays über die GVL abrechnen können und eine Sendeerlaubnis vorliegt.

Viele Unternehmen in der Branche bieten Künstlern die Nutzung des hauseigenen Labelcodes an. Hierzu müssen die Leistungsschutzrechte der Aufnahmen an die entsprechenden Anbieter übertragen werden. Diese Anbieter sind dann auch diejenigen, die beim Sendeeinsatz die eventuell anfallenden Vergütungen abrechnen und mitverdienen. Auch Sie können Ihren Labelcode jedem Künstler zur Verfügung stellen, müssen ihn aber – in welcher Form auch immer – für die Übertragung der Leistungsschutzrechte entlohnen.

Weitere Informationen zur GVL:

Gesellschaft zur Verwertung von Leistungsschutzrechten mbH (GVL)
Podbielskiallee 64
14195 BERLIN
Postfach 330 361
14173 Berlin
Telefon: 030 / 48483 / 600
Telefax: 030 / 48483 / 700
Internet: www.gvl.de

Bereits anhand GEMA und GVL wird deutlich, wie eng die Verwertungsgesellschaften mit Künstlern und Musiknutzern zusammenarbeiten. Diese Strukturen zu verstehen ist wichtig, um den gesamten Kreislauf nachvollziehen zu können.

Die Künstlersozialkasse
Die Künstlersozialkasse, kurz KSK, ist grob betrachtet ein weiterer Umverteilungsapparat von Geldern. Hier gibt es Berufsgruppen, die Geld in die KSK einzahlen (müssen) und solche, die Geld - in diesem Fall eine Leistung - in Anspruch nehmen können. Mit der Künstler-

sozialkasse sind eine Kranken-, eine Pflege- und eine Rentenversicherung abgedeckt.

Betrachten wir zunächst die Empfängerseite. Hierzu zählen selbstständig Kunstschaffende und Publizisten. Liegt eine gesetzliche Sozialversicherungspflicht vor, so kommt der Betreffende dieser Pflicht mit dem Beitritt der KSK nach. Gemessen an seinem Jahreseinkommen wird der Beitragssatz für Renten-, Kranken- und Pflegeversicherung monatlich bezahlt. Dieses Geld wird von der KSK an die entsprechenden Träger weitergeleitet. Wird eine Leistung in Anspruch genommen, wird diese bei dem Träger direkt beantragt.

Beispiel:
Ein selbstständiger Publizist geht zum Zahnarzt, das kostet Geld. Er ist in der KSK und hat sich für die Ersatzkasse „XY" entschieden, über die der Arztbesuch ganz normal abgerechnet wird. Die Krankenkasse „XY" erhält das Geld von der KSK.

Der größte Vorteil aus Sicht des Leistungsempfängers ist, dass er die Kassenbeiträge nicht alleine zahlen muss. Wie auch in einem Angestelltenverhältnis mit einem Arbeitgeber, zahlt der Kunstschaffende oder Publizist nur einen Teil der Beiträge. Der andere Teil wird zum einen vom Bund und zum anderen von der Musikindustrie oder anderen Branchen der Unterhaltungsindustrie beigesteuert. Alleine zur Steigerung der Rentenzahlungen im Alter wirkt sich die KSK dadurch positiv aus.

Künstlersozialkassenversicherte können alternativ oder in Ergänzung auch private Vorsorgemaßnahmen ergreifen. Bei der Krankenversicherung sollten sich gerade jungen Leute folgender Situation bewusst sein: die Beitragssätze für Unverheiratete im Alter von 23 bis 27 Jahren sind bei privaten Versicherern oft niedriger als die, bei den gesetzlichen Krankenkassen. Das Blatt wendet sich aber mit zunehmendem Alter. Je nach Familienstand liegen die Beiträge bei den privaten Versicherungen dann deutlich über denen der gesetzlichen Kassen.

Nun wenden wir uns der Seite zu, die für Sie als Tonträgerhersteller wichtig ist. Die Tonträgerhersteller gehören zur Musikindustrie und sind damit auch dazu verpflichtet, Künstlersozialabgaben zu leisten. Haben Sie ein Unternehmen zur Herstellung von Tonträgern gegründet, müssen Sie zunächst die KSK darüber informieren. Entsprechende Formulare finden Sie auf der Homepage der KSK. Hier müssen Sie einige Fragen beantworten, die unter anderem zur Ermittlung Ihrer Ausgaben für in Anspruch genommen Dienstleistungen, von Kunstschaffenden oder Publizisten dienen.

Aus der Summe dieser Zahlungen müssen Sie anschließend hiervon einen bestimmten Prozentsatz an Abgaben leisten. Dieser Abgabesatz betrug 2009 4,4%, 2010 waren es 3,9%.

Haben Sie beispielsweise einen Sänger für eine Produktion engagiert, der von Ihnen eine Zahlung bekommt, ob als Lizenz, oder als Honorar, so spielt diese Zahlung eine Rolle, wenn die Höhe Ihrer Abgaben an die KSK ermittelt wird.

Die Bemessungsgrundlagen sind sehr umfassend formuliert und gehen über Honorarzahlungen und Lizenzvergütungen hinaus.

Alle Informationen, die unter der Rubrik „Unternehmen und Verwerter" auf der Homepage der KSK stehen, sollten Sie vor Ihrer Labelgründung einmal überfliegen. Diese hier wiederzugeben würde den aktuellen Entwicklungen nicht gerecht werden.

Informationen und Kontakt:

Künstlersozialkasse
Gökerstr. 14
26384 Wilhelmshaven
Telefon: 0180 / 5752255 (14 Cent/Minute)
Internet: www.kuenstlersozialkasse.de

KSK und Plattenlabels

Festzuhalten bleibt: hinsichtlich der KSK gibt es Kosten, die ein Label tragen muss, falls es nicht ausschließlich eigene Inhalte verwertet, die keine Honorar- und Lizenzzahlungen erfordern. Sofern Sie eigene Kompositionen herstellen und verkaufen, haben Sie da keine

Kosten zu befürchten.

Nun stellen Sie sich aber vor, Sie sind Mitglied in einer Band, bestehend aus fünf ambitionierten Musikern. Sie entscheiden gemeinsam mit Ihrer Band, eine CD zu produzieren und anschließend auf Ihrem Label zu vertreiben (auf Ihrem Label, nicht auf dem der Band). Sie melden Ihr Label bei der GVL an, und teilen die Labelgründung der Künstlersozialkasse mit.

Jetzt passiert ein entscheidender Schritt: der Tonträgerhersteller (der sind Sie) unterschreibt im Wahrnehmungsvertrag mit der GVL, dass er sämtliche Leistungsschutzrechte zur Verwertung der Aufnahmen erwirbt. Wichtig ist hierbei das Wort „erwirbt". Dieser Erwerb bringt eine finanzielle Vergütung mit sich. Das kann eine Umsatzbeteiligung sein, in Form einer Lizenzvergütung, oder eine einmalige Honorarzahlung, das liegt an der Vertragsgestaltung. Beides erzwingt die Zahlung von Abgaben an die KSK. Wenn derartige Geschäfte innerhalb einer Band vermieden werden wollen, muss die Band als GbR ein Label gründen. Im GbR-Vertrag werden die Rechte und Pflichten aller Gesellschafter dokumentiert. Da dann die Songs von der GbR selbst produziert werden, entfallen auch die Honorarzahlungen und eine Übertragung der Leistungsschutzrechte.

Die Berufsgenossenschaft

Deutsche Unternehmen sind verpflichtet, einer gewerblichen Berufsgenossenschaft beizutreten. Diese Berufsgenossenschaften sind Träger der gesetzlichen Unfallversicherung. Wird ein Arbeitnehmer berufsbedingt krank oder erleidet er eine Verletzung, ist er durch die Berufsgenossenschaft versichert. Um das zu finanzieren, werden Unternehmen in der ihrem Gewerbe entsprechenden Berufsgenossenschaft Mitglied. Ihr Mitgliedsbeitrag errechnet sich nach verschiedenen individuellen Parametern, wie Lohnsummen, Gefahrenklassifizierung des Gewerbes, usw.

Wenn Sie ein Gewerbe angemeldet haben, meldet sich die Berufsgenossenschaft, die für die jeweilige Brange in Frage kommt, automatisch. Dies dient zunächst der Datenerfassung. Haben Sie als Gewerbetreibender keine Angestellten, sollten Sie hierauf hinweisen, wodurch ein Mitgliedsbeitrag entfällt. Die für unsere Branche entsprechende Berufsgenossenschaft heißt „Berufsgenossenschaft Handel und Warendistribution".

Mehr Infos unter:

www.bghw.de

5. VOM MASTERING ZUM *HEARING*

Das Presswerk

Sind die Aufnahmen fertiggestellt und gemastert worden, gibt es verschiedene Möglichkeiten zum weiteren Vorgehen. Nun kann zunächst überlegt werden, wie die Musik zur Zielgruppe gelangt. Modern ist es, einen reinen Digital-Vertrieb zu nutzen. Das spart die Herstellung eines physischen Tonträgers. Gesetzt den Fall, es kommt zu einer CD-Pressung, muss ein geeignetes Presswerk gefunden werden, zu dem das fertige Pre-Master geschickt wird. Hier wird ein Glassmaster produziert, das als Grundlage der anschließenden CD-Pressung dient. Dieses Glassmaster ist verhältnismäßig teuer und bleibt meistens nach Auslieferung der CDs beim Presswerk. Zu einem späteren Zeitpunkt könnte damit auch eine Nachbestellung hergestellt werden. Egal, ob die gepressten Songs GEMA-pflichtig sind oder nicht, Sie sollten unbedingt Folgendes beachten: das Presswerk darf die CDs erst dann ausliefern, wenn der Tonträgerhersteller bei der GEMA einen „Lizenzantrag Tonträger" gestellt hat. Der Eingang dieses Antrages wird relativ zügig von der GEMA bestätigt, ein paar Tage sollten Sie aber einrechnen. Den Antrag können Sie selber stellen, auf der Homepage der GEMA lässt sich das entsprechende Formular schnell finden („Lizenzantrag Tonträger"). Viele Presswerke bieten diesen Vorgang, meistens gegen Aufpreis, als Service an.

Kriterien oder Verhandlungsbestandteile, nach denen ein Presswerk ausgesucht werden könnte:

- Wie schnell können die CDs hergestellt werden?
- Wie schell könnte eine Nachbestellung produziert werden?
- In welchem Land werden die CDs gepresst?
- Gibt es Grund zur Annahme, dass mit einer hohen Fehlerquote gepresst wird?
- Ist die Lieferung im Preis enthalten?
- Gibt es eine Datenkontrolle der Grafik- und Audiodaten?
- Preis

Da die Pressung meistens das Ende der Produktionskette ist, steht sie kurz vor Anlauf der Marketingmaßnahmen. Daher ist die termingerechte Auslieferung wichtig, um nicht die Vertriebs- und Promotionplanung platzen zu lassen.

Artwork

Vor der Gestaltung des Artworks zu einer Musikaufnahme, sollte das Format des Endprodukts klar sein. Ein Vinyl-Cover bietet wesentlich mehr Platz zur Gestaltung, als eine Grafik, die neben dem Downloadbutton eines mp3s erscheint. Onlinekäufer erfahren die physische Bindung (Haptik) zu einem Produkt nicht, daher können sie, abgesehen vom musikalischen Inhalt, ausschließlich visuell erreicht werden.

Das CD-Cover schafft den ersten Eindruck einer CD. Sieht es laienhaft und konzeptlos aus, sind die Fotos schlecht aufgenommen, die Schriftzüge geschmacklos oder ist die Gestaltung einfach unprofessionell, warum sollte die Musik dann anders sein? Vielleicht ist aber auch das gerade gewollt? Wie auch immer, das Artwork ist gerade in der heutigen Zeit sehr wichtig und bedarf der gleichen Sorgfalt und Reflexion, wie die Umsetzung der Musik.

Für eine CD, die im Jewelcase verpackt wird, können folgende Elemente designed werden, die hier zur guten Kommunikation mit Lieferanten und Kollegen einmal erwähnt werden sollten:

Label = Aufdruck auf der CD, typischer, empfohlener Inhalt:
LC (falls vorhanden)
GEMA-Zeichen (sofern es sich um GEMA-Repertoire handelt)
Interpret
Album Titel
copyright und Erscheinungsjahr
Labelname/Logo

Booklet = Heft mit mehreren Seiten, liegt in der CD-Hülle, typischer, empfohlener Inhalt:
Die Frontseite verantwortet den ersten Eindruck.
Wird die CD beim Einzelhandel im CD-Regal stehen, ist die obere Hälfte am besten zu erkennen. Gibt es ein Logo, ein prägnantes Bild oder einen Schriftzug, dann sollten diese auch möglichst weit oben angeordnet werden.
Je nach Umfang des Booklets können hier Lyrics, Namen der Bandmitglieder, Name der Band, Fotos, Grafiken, Internetadresse, Studio, Mixer, Label, Danksagungen, Vertriebsfirma, Sponsoren, etc. genannt werden.

Tray = Träger der CD, meist Kunststoff, unbedruckt

Inlay = Element zwischen Tray und CD-Hüllenrückseite, typischer Empfohlener Inhalt:
LC
EAN
Songtitel
copyright und Erscheinungsjahr
Labelname/Logo
Katalognummer
Vertrieb
Internetadresse
Das Inlay gestaltet ebenfalls die Stirnseite der CD. Band- und Albumname könnten hier das Wiederfinden im CD-Regal erleichtern.

Im Internet können Sie entsprechende Templates (Schablonen) downloaden, die die Abmessungen der einzelnen Elemente, entsprechend den Vorgaben der Druckerei oder des Presswerkes, aufweisen. In der Regel stehen alle nötigen Informationen auf den Internetseiten der Lieferanten. Hier werden auch geeignete Druckverfahren und Mindestauflagen aufgeführt.

EAN

EAN steht für „European Article Number" und bezeichnet eine produktbezogene Nummer, die auf Artikeln angebracht wird. Damit diese Nummern nicht manuell verarbeitet werden müssen, wird die EAN in Form eines Strichcodes angegeben. Um Strichcodes als Grafikdaten herzustellen, wird eine Software verwendet. Diese Codes können zum Beispiel beim Kassiervorgang gescannt und zu einem Artikel mit seinem Preis zugeordnet werden.

Eine EAN wird individuell für einen Artikel generiert, dadurch kann dieselbe EAN nicht mehrfach in unterschiedlichen Zusammenhängen auftreten.

In der Musikindustrie ist eine EAN dann wichtig, wenn zum Beispiel eine CD dem Handel angeboten werden soll. Neben physischen Vertrieben ist dies auch bei vielen Digitalvertrieben eine Vorraussetzung.

Die EAN besteht aus einer Basisnummer, die einem Unternehmen zugeordnet wird, einer durchlaufenden Artikelnummer, die vom Unternehmen vergeben wird und einer Prüfziffer.

Möchten Sie als Label die EAN selbst generieren, müssen Sie sich zunächst bei der „GS1 Germany GmbH" registrieren. Hier muss eine GLN („Globale Lokationsnummer") beantragt werden. Je nach Anzahl unterschiedlicher Produkte, die jährlich gekennzeichnet werden soll, wird nun eine Basisnummer zugeteilt. Bei bis zu 1000 Artikeln pro Jahr ist diese neunstellig. Die Kennzeichnung von CDs erfolgt über ein so genanntes EAN-13 Symbol. Das heißt, es weist insgesamt 13 Stellen auf. Die neben der neunstelligen Basisnummer verbleibenden vier Nummern setzen sich aus der dreistelligen Artikelnummer und der Prüfziffer zusammen. Der Begriff EAN-13 ist überholt, aber noch weit verbreitet. Heute spricht man von einer GTIN (Global Trade Item Number).

Die Anmeldung bei GS1 Germany GmbH kostet derzeit eine Grundgebühr von ca. 230 Euro zuzüglich einer Jahresgebühr von ca. 110 Euro (+ USt).

Wem das zu teuer ist, der kann sich auch anders helfen: arbeiten Sie mit einem Vertrieb zusammen, wird Ihnen die EAN in der Regel zur

Verfügung gestellt. Auch manche Presswerke generieren gegen eine kleine Gebühr eine EAN für Ihr Album. Sollte der Geber der EAN jedoch aus diesem System aussteigen, wird die EAN auch ungültig. Haben Sie bereits eine CD ohne EAN hergestellt, können Sie diese auch noch nachträglich mit einem EAN-Aufkleber versehen.

Weitere Informationen dazu:

GS1 Germany GmbH
Maarweg 133
50825 Köln
Telefon: 0221 / 94714 / 0
Internet: www.gs1-germany.de

CDDB – Wie Winamp, iTunes etc. auch Ihre Tracks erkennt
CDDB steht für Compact Disc Database und dient der Identifizierung eines Albums. Hierzu wird die Anzahl der Songs und die Spiellänge des Tonträgers katalogisiert. Albumtitel, Songtitel und weitere Informationen werden entsprechend gespeichert und stehen zum Abruf bereit. Die gesamten Daten speichert die Firma Gracenote und können von diversen Audiosoftwareherstellern genutzt werden. Importieren Sie eine CD in iTunes, werden Songanzahl und Albumlänge an Gracenote gesendet. Als Antwort darauf werden dann die dort hinterlegten Informationen zur CD an iTunes gesendet und Ihnen angezeigt.
Es kann auch vorkommen, dass Gracenote für ein Album verschiedene mögliche Interpreten findet. Das ist immer dann der Fall, wenn die Anzahl der Lieder und die Spiellänge bei mehreren Alben identisch sind.
Damit eine CD von Gracenote erkannt wird, müssen Tonträgerhersteller oder Konsumenten, am besten innerhalb kurzer Zeit gleich mehrmals, die CD von verschiedenen Computern aus manuell benennen und die Daten an Gracenote schicken. Dazu werden Sie von den meisten Audioverwaltungsprogrammen automatisch aufgefordert, wenn zu einer CD noch keine Informationen bei Gracenote zur

Verfügung stehen.

Alle Informationen dazu unter:

www.gracenote.com

Der ISRC

Der International Standard Recording Code wird bei der Herstellung des Pre-Masters in den Disc-Subcode eingelesen. In dem so genannten Q-Kanal befinden sich auch noch weitere nicht hörbare Daten wie Anfangs- und Endzeiten der Tracks (PQ-Daten). Normalerweise können Sie diesen Einlesevorgang mit einer üblichen Mastering-Software ausführen.
Der ISRC wird pro Aufnahme nur einmal vergeben und kennzeichnet diese eindeutig. Wird der gleiche Song ein weiteres Mal recorded, handelt es sich um eine andere Aufnahme, die dementsprechend auch einen neuen ISRC bekommt.
Ziel dabei ist es, dass auch digitale Formate eine Identität bekommen. Somit soll in Zukunft die nichtkörperliche (digitale) Nutzung von Musik besser kontrolliert werden. Das könnte zum Beispiel bei Radiostationen die Abrechnung genutzter Songs vereinfachen und die Bekämpfung der Musikpiraterie erleichtern.
Bisher ist die Vergabe von ISRCs nicht verpflichtend, auch GVL und GEMA arbeiten noch nicht mit diesem System.
Bei der Zusammenarbeit mit digitalen Vertrieben werden teilweise nur Songs verwendet, die mit einem ISRC gekennzeichnet sind.
Der ISRC besteht aus vier Bestandteilen, zur Verdeutlichung ein Beispiel:

ISRC **DE-A11-02-00003**

DE	=	Länderschlüssel, DE steht für Deutschland
A11	=	Erstinhaberschlüssel, kennzeichnet das Unternehmen, was den Code vergeben hat, wird dem Unternehmen zugewiesen

| 02 | = | Jahresschlüssel, steht für die letzten zwei Ziffern des Jahres, in dem die Aufnahme abgeschlossen wurde, in diesem Beispiel 2002 |
| 00003 | = | Aufnahmeschlüssel, wird vom Erstinhaber vergeben, hat fünf Ziffern und erfolgt fortlaufend |

Als Label gleich von Beginn an ISRCs zu vergeben, macht unter Umständen Sinn, um einen späteren Mehraufwand zu verhindern. Dazu müssen Sie einen so genannten Erstinhaberschlüssel beantragen und einige Vorgaben im Umgang damit beachten. Für die Vergabe dieses Schlüssels ist in Deutschland die „Deutsche Landesgruppe der „IFPI" e.V." („International Federation of the Phonographic Industry") zuständig.

Die Kosten für Vergabe und Nutzung betragen derzeit einmalig 250 Euro.

Beim „Bundesverband Musikindustrie" e.V. gibt es ein sehr umfangreiches und gut geschriebenes „ISRC-Handbuch" als Download unter:

www.musikindustrie.de/isrc

CD-Verpackungen

Gängige Audio-CD-Verpackungen

Jewelcase *(Abb. 1)*
Für die Verpackung von CDs gibt es verschiedene Standards und Bezeichnungen, die sich in den letzten Jahren in Deutschland etabliert haben.
Der Klassiker der CD-Hüllen ist die Jewelbox, auch als Jewelcase bezeichnet.
Hierbei befindet sich die CD auf einem Träger, dem so genannten *Tray.* Dieser *Tray* ist traditionell schwarz, aber auch in allen anderen Farben zu bekommen. Träger und CD werden von je einem *Cover* (aus transparentem Kunststoff) auf der Vorder- und Rückseite umschlossen. Meistens ist dieses *Cover* transparent. Auf der Vorderseite kann von Innen ein *Booklet* der Größe 120 x 120 mm eingeschoben werden. Auf der Rückseite wird zwischen *Tray* und *Cover* das *Inlay* platziert, mit der Größe von 151 x 118 mm, und einer Falzung rechts und links, von je 6,5 mm.
Bei einem geschlossenen Jewelcase sieht der Betrachter die Vorderseite des *Booklets* und auf der Rückseite den Aufdruck des *Inlays,* der zum Beispiel die Inhalte der CD auflistet.

Maxi-CD *(Abb. 2)*
Die Verpackung der Maxi-CD besteht nur aus zwei, meistens transparenten, Kunststoffteilen und einem Maxi-Inlay. Von der Rückseite sieht man direkt auf die CD, die mit dem *Label (= die bedruckte Seite der CD)* nach unten gerichtet in dem *Tray* liegt. Im Gegensatz zum Jewelcase ist bei dieser Variante der Träger gleichzeitig die Rückseite des *Covers.* Das Front-Cover schließt diese Verpackung und kann ein Maxi-Inlay aufnehmen, was Gestaltungsmöglichkeiten der Vorderseite bietet. Dieses Maxi-Inlay ist in der Breite etwas größer und wird am rechten Rand so zugeschnitten und gefalzt, dass es ebenfalls die Außenkante der CD beschriftet.

Abb. 1

Abb. 2

Digipack *(Abb. 3)*

Digipacks gelten als eine etwas elegantere Verpackung für CDs. In der Größe unterscheiden sie sich kaum zum Jewelcase, je nach Ausführung sind sie etwas dünner oder dicker. Das Material ist hauptsächlich Pappe, was die Langlebigkeit beeinflusst. Der Kunststoffträger wird auf die Pappe geklebt, die so geknickt ist, das sie auch die Vorderseite des Trägers bedeckt. Der Träger wird dadurch von der Pappe ummantelt, wie die Seiten eines Buches vom Umschlag. Auch zwei und mehr CDs können im Digipack Platz finden. Der Mantel aus Pappe wir dann entsprechend vergrößert, sodass mehrere Träger nebeneinander angeordnet werden können.

Durch einen gewissen Abnutzungseffekt kann diese Verpackung im Laufe ihres Lebens an Charme gewinnen. Bei der Herstellung sollten Sie darauf achten, dass die CDs eingeschweißt geliefert werden, um Beschädigungen vor dem Verkauf zu verhindern.

Abb. 3

Pappstecktasche *(Abb. 4)*

Bei dieser Verpackung handelt es sich um einen Pappschuber, der keinen dauerhaften Schließmechanismus vorsieht, wodurch die CD schon mal ungewollt ihre Hülle verlässt. Um das zu verhindern, ist die Größe des Pappschubers so gestaltet, dass die CD durch Haftreibung an den Kanten fixiert ist. Diese Verpackung ist relativ günstig in der Herstellung und extrem Platz sparend, da sie sehr dünn ist.

Wenn Sie sich für Pappstecktaschen als Verpackung Ihrer Verkaufsexemplare entscheiden, sollten auch diese eingeschweißt werden.

Abb. 4

Spiellängen und Formate...

In den vergangenen Jahrzehnten sind verschiedene Formatbezeichnungen entstanden, die sich aus Spiellänge und Anzahl der Songs auf einer CD ergeben. Die Entstehung solcher Begriffe wie „LP", „EP" oder „Single" reichen in die 50er Jahre zurück, in denen CDs noch niemand kannte.

Derartige Bezeichnungen sind nicht zwingend in allen Ländern gleich, leichte Unterschiede können historisch bedingt auftreten.

...bei Vinyl

Single und Maxi-Single

Die klassische Vinyl-Single (7") hat den Titelsong auf der A-Seite und auf der B-Seite entweder einen Remix, einen weiteren Song, oder auch ein Interview.

Die Maxi-Single dagegen ist mit 12" größer und hat neben dem Titelsong noch zwei oder drei weitere Songs oder Remixes. Durch das größere Format können die Rillen etwas breiter geschnitten werden, was den Aufnahmen mehr Dynamik und Lautstärke verleiht. Das macht sie für den Einsatz in Diskotheken beliebt. Die Spielzeit von Vinyl hängt davon ab, wie dicht die Rillen geschnitten werden, wie groß die Platten sind und wie schnell sie abgespielt werden.

EP

Das EP-Format (EP = *extended play*) ist in der Spielzeit etwas länger als die Single und taucht sowohl in 7", als auch in 12" auf. Durch die längere Spielzeit gibt es mehr Raum, zum Beispiel um längere Versionen des Titelsongs zu veröffentlichen. Sehr beliebt ist die EP aber auch mit dem Charakter eines kurzen Albums. Die EP wird oft als Format zwischen Single und LP bezeichnet, was mit der Anzahl der Stücke und der Länge der Spielzeit zusammen hängt. Inhaltlich ist die EP allerdings in vielen Szenen anders als die Single aufgestellt: während bei der (Maxi-)Single der Titelsong im Fokus steht, ist bei der EP jeder Song gleichwertig. Jede Seite hat zwei oder drei Songs und ca. 12 Minuten Spielzeit.

Um die Produktionskosten geringer zu halten, gibt es Beispiele, bei denen zwei Bands auf einer Platte veröffentlichen. Jede Band präsentiert sich auf einer der beiden Seiten.

LP

Mit LP (LP= *long play*) ist das gängige Albumformat gemeint. Langspielplatten aus Vinyl gibt es in 10" und in 12". Die kleineren 10" LPs tragen auch den Namen „Mini-Album".

Die Standardspielzeit von 12" LPs liegt bei 46 Minuten, bei 10" LPs sind es 28 Minuten. Dennoch gibt es auch hier die Möglichkeit, durch eine engere Anordnung der Rillen mehr Spiellänge zu erreichen, auf Kosten der Dynamik.

Kategorisierung der GEMA

Vinyl	Maximale Spieldauer in Minuten	Maximale Anzahl Werke
Single	8	2
Maxi-Single	16	4
EP 7", 45 5 min^{-1}	16	4
EP 7", 33 ⅓ min^{-1}	20	6
LP 10", 33 ⅓ min^{-1}	30	10
LP 12", 33 ⅓ min^{-1}	60	16

...bei der CD

Die CD (= compact disc) gibt es in Deutschland formal gesehen hauptsächlich in zwei verschiedenen Formaten: als (Maxi-)Single und als LP. Zu Beginn der CD-Einführung hat die Industrie versucht, durch ein kleines 3" CD-Format, speziell für Singles, Kosten einzusparen. Diese Idee konnte sich nicht richtig durchsetzen, unter anderem, weil die werbewirksame Gestaltungsfläche des CD-Covers zu klein war, um die Kunden anzusprechen.

Das Format der EP hat in Deutschland keine eigene Kategorie und könnte, würde man die GEMA-Kategorien zugrunde legen, auch als LP bezeichnet werden. Fans halten am Charakter der EP dennoch fest.

Die normale Speicherkapazität einer CD ist seit ihrer Markteinführung Anfang der 80er Jahre für 74 Minuten Musik ausgelegt. CDs mit Überlänge tauchen immer wieder auf, sie werden in der Musikherstellung allerdings nur selten verwendet.

(Maxi-)Single

Wie beim Vinyl gibt es auch bei CDs sowohl Singles mit zwei Songs, als auch Maxi-Singles mit mehr Liedern. Als in den 90er Jahren die Maxi-Singles mehr als die Hälfte der Alben gekostet haben, gingen die Verkaufszahlen in diesem Format stark zurück. Die Käufer bevorzugten es, etwas mehr Geld zu bezahlen und das komplette Album zu kaufen. Dieses Konsumverhalten hatte Auswirkungen auf die Single-Charts.

Zu einem späteren Zeitpunkt wurden limitierte „Two-Track-Singles" eingeführt, wodurch es nur für kurze Zeit den Radio-Mix zu kaufen gab. Dieses Konzept konnte das Geschäft wieder etwas beleben.

Die Beliebtheit der Maxi-Single variiert je nach Genre sehr stark.

LP

Alle CDs mit mehr als fünf Songs oder mehr als 23 Minuten Spielzeit werden LPs genannt.

Kategorisierung der GEMA

CD	Maximale Spieldauer in Minuten	Maximale Anzahl Werke
(Maxi-)Single	23	5
LP	80	20

6. DER VERTRIEB

Wie kommt die Musik zur Zielgruppe?
Der Vertrieb hängt eng mit dem Bereich Marketing zusammen. Die Zielgruppe, die von dem Marketing angesprochen wird, muss über geeignete Vertriebsstrukturen mit der Musik beliefert werden. Daher lassen sich diese beiden Themen am besten parallel betrachten. Die zeitliche Dauer zwischen der Wirkung von Marketingmaßnahmen und dem dadurch aus Konsumentensicht ausgelösten Konsumwunsch kann in der digitalen Onlinewelt sehr gering sein. Der digitale Vertrieb bedient also einen unmittelbaren und zeitlich wie örtlich unbegrenzten Kaufwunsch. Der physische Verkauf dagegen ist auf Reichweite und Handelszeitraum der Platzierungen limitiert, die Sie den Käufern anbieten.
Die erste Frage, die sich beim Vertrieb von Musik stellt, lautet: wer soll die Musik eigentlich kaufen?
Um das zu beantworten, müssen Sie die Zielgruppe, die Sie mit der Musik erreichen wollen, möglichst genau definieren. Nur wenn Sie sich ein Bild davon machen, wer die zukünftigen Käufer sind, was sie gerne frühstücken, wo sie sich abends aufhalten, was sie beruflich machen, in welchen Geschäften sie einkaufen, was für eine Zeitung sie lesen, etc., können Sie zielgerichtete Verkaufsstrategien und Werbemaßnahmen starten. Mit dazu zählt auch die Wahl des Mediums (physisch und/oder digital).

Oft überschätzen sich unerfahrene Labels, sowie Bands, indem sie ihre Musik für das einzig Wichtige halten, das nach der Veröffentlichung im weltweiten Fokus steht. Das Problem ist nicht das enorme Selbstvertrauen, das zum Glück vorhanden ist, sondern die Produktionen anderer Bands, die in der gleichen Woche veröffentlicht werden und auch eine Daseinsberechtigung haben. Der Musikmarkt ist reichhaltig gefüllt und wird immer umfangreicher. Durch das digitale Konsumangebot hat sich das „im Laden stöbern" zum täglichen Surfen im Internet verlagert. So richtig abgelöst ist der gute alte CD-Laden zwar nicht, aber wer ein echter Musikfan ist, besorgt sich je nach Genre die aktuellsten Informationen direkt beim Künstler im

Internet. In der virtuellen Welt konkurrieren alle Musiker miteinander, jedes Angebot ist rund um die Uhr verfügbar. Um hier kostenpflichtige Werbemaßnahmen zu umgehen, können Sie mit Hilfe von virtuellen Räumen, wie zum Beispiel „Facebook" oder „YouTube", versuchen, Ihre Musik möglichst geschickt immer wieder anzubieten. Besonders hilfreich ist die geschickte Verwendung von Filtern. Dazu eignen sich beispielsweise Musikplattformen, die über Bewertungs- und Empfehlungsfunktion verfügen, aber auch Googlewerbung die preiswert und zielgerichtet eingesetzt werden kann.

Das Kaufen von Musik passiert zurzeit hauptsächlich auf drei Arten:
1. der physische Kauf, von Mensch zu Mensch, zum Beispiel beim CD-Geschäft oder Konzert
2. der physische Kauf, durch Lieferung, zum Beispiel bei Onlinebestellung
3. der digitale Kauf durch Download

Vor der Verbreitung des Internets wurden von der Musikindustrie sehr eingefahrene Wege zum Vertrieb von Musik vorgelebt. Es wurde dafür gesorgt, dass die CDs sowohl physisch, als auch digital zur Verfügung standen und die Käufer durch entsprechende Werbemaßnahmen darauf aufmerksam wurden. Dieses System ist in der Form fast am Ende angekommen und wird immer weiter durch neue Konzepte abgelöst. Gerade kleine Labels können Trends verfolgen und ein gesundes Umdenken praktizieren. Der Vertrieb der Zukunft liegt in einer Mischung aus physischen und digitalen Angeboten, publik gemacht in einer Kombination aus realen und virtuellen Räumen. Die Schwerpunkte variieren je nach Zielgruppe (alleine schon altersbedingt) und Inhalt. Grundgedanke könnte sein, Musik nicht als kurzzeitig zu betrachten, sondern als Gegenstand, der dauerhaft zur Verfügung gestellt und beworben werden soll. Dabei können Filter im Internet und persönliche Empfehlungen helfen.
Es ist wissenswert, wie der standardisierte Vertrieb funktioniert und nach welchen Kriterien Sie für Ihr Label geeignete Geschäftspartner finden. Wer gute Ideen in Ergänzung dazu hat, liegt in Zukunft klar im Vorteil.

Der physische Vertrieb

Wie kommt die CD in den Laden?
Der physische Vertrieb einer CD ist für viele Künstler sehr begehrt. Das eigene Album in den CD-Regalen der Musikgeschäfte zu finden, ist natürlich ein Traum. Leider sind der Preis und das finanzielle Risiko dafür sehr hoch. Üblicherweise hat ein Label zwei Möglichkeiten, um die CDs beim Einzelhändler zu verkaufen: entweder es arbeitet mit einem Vertrieb zusammen, oder es hat einen eigenen Vertrieb und schafft es, die Einzelhändler als Geschäftspartner zu gewinnen.

Viele Musikeinzelhändler nutzen zur CD-Bestellung das Archiv von PhonoNet. Darüber können CDs direkt bestellt werden, sofern sie in der PhonoNet Datenbank erfasst sind. Hier sind nicht nur die CDs aufgelistet, sondern auch alle damit in Verbindung stehenden Daten, wie die Vertriebsdaten. Die Bestellung einer CD wird direkt an den entsprechenden Vertrieb weitergeleitet. Wenn Sie möchten, dass Ihre CDs von den Händlern gefunden und bestellt werden können, müssen Sie dafür sorgen, dass Sie in der PhonoNet Datenbank geführt sind. Nebenbei nehmen die hierüber gehandelten CDs an den offiziellen Charts teil. Treten Sie nicht nur als Label, sondern auch als Vertriebsfirma auf, können Sie an PhonoNet gegen die Zahlung einer Jahresgebühr teilnehmen, um CDs anzubieten. Mehr zu PhonoNet gibt es im gleichnamigen Kapitel.

Arbeiten Sie mit einem Vertrieb zusammen, sollten Sie klären, ob dieser an PhonoNet angeschlossen ist, wovon bei ernsthaften Vertrieben ausgegangen werden kann.

Tipp: Im Jahr 2009 kam ein interessantes Angebot auf. Ein deutsches Presswerk hat die Infrastruktur für den Vertrieb von CDs angeboten. Es wird sichergestellt, dass die CD in jedem Fachhandel bestellt werden kann, der direkt über PhonoNet bestellt. Auf Wunsch wird die CD auch über Amazon, sowie über weitere Onlineshops verkauft. Von der gepressten Stückzahl werden einige CDs einbehalten, die dann bei Bestellung automatisch verschickt werden. Ganz kostenlos ist das nicht, aber auch kurze Testlaufzeiten von 6 Monaten geben Aufschluss darüber, ob sich dieses Angebot für Ihre

Produktion lohnt.

Mehr Informationen dazu:

HOFA GmbH
Lusshardtstraße 1-3
76689 Karlsdorf
Telefon: *07251 / 3472 / 0*
Telefax: *07251 / 3472 / 300*
E-Mail: *office@hofa.de*
Internet: www.hofa.de

PhonoNet

Die PhonoNet GmbH ist ein Tochterunternehmen des „Bundesverbandes Musikindustrie e.V.". Sie wurde 1991 mit dem Ziel gegründet, den Handel mit Musik zwischen Händler, Medien und Industrie zu standardisieren. Diesem Standard liegen Kataloge und Datenbanken zugrunde, mit denen Vertrieb und Vermarktung von physischen und digitalen Produkten organisiert werden.
Für Sie als Betreiber eines Labels sind zunächst die zwei unter „Vertrieb" und „Radiobemusterung" beschriebenen Dienstleistungen wichtig.

PhonoNet als Schnittstelle zwischen Handel und Tonträgerhersteller

Die Funktion von PhonoNet wurde unter „Vertrieb" bereits beschrieben.
Um den Handelsverkauf einer CD gemäß der marktüblichen Bedingungen zu ermöglichen, müssen Sie Ihr Produkt zunächst mit den handelsüblichen Merkmalen ausstatten (zum Beispiel ein scanbarer Strichcode, der für den Kassiervorgang nötig ist).
Als nächstes muss entweder ein Vertrieb die CD in die PhonoNet Datenbanken einspeisen, oder Sie organisieren den Vertrieb als Label selbst. In diesem Fall sollten Sie sicherstellen, dass die CD auch

pünktlich zum VÖ in der PhonoNet Datenbank zu finden ist.
Sehr viele, aber nicht alle Händler recherchieren und bestellen ihre
CDs über die PhonoNet-Datenbank. Die Bestellung wird über Phono-
Net automatisch an den entsprechenden Vertrieb weitergeleitet.
Um an PhonoNet teilnehmen zu können, muss der Gewerbeschein
für Ihr Unternehmen, neben dem Labelbetrieb, auch eine Vertriebs-
tätigkeit dokumentieren. Unter dieser Vorraussetzung kann ein Antrag bei PhonoNet gestellt werden. Neben einer Aufnahmegebühr
von derzeit 500 Euro fallen monatlich mindesten 30 Euro an, abhängig von Ihrem Umsatz. Das Einstellen einer CD kostet einmalig 6,50
Euro.

Recherchen über Musicline
Zum Zweck der Musikrecherchen bietet PhonoNet auf der Internetseite www.musicline.de eine Datenbank mit fast allen deutschen
Veröffentlichungen und einer Vielzahl von Hörproben an. Auch die
offiziellen Charts können hier verfolgt werden.

Informationen und Kontaktdaten:

PhonoNet GmbH
Bei der Pulvermühle 7a
22453 Hamburg
Telefon: 040 / 55 49 37 / 0
Telefax: 040 / 55 49 37 / 99
E-Mail: info@phononet.de
Internet: www.phononet.de

Saturn und Mediamarkt
Eine Information für den Leser, der jetzt euphorisch ist und Phono-
Net für die Lösung der Vertriebsmaßnahmen hält: die große Einzel-
händlerkette „Media-Saturn-Holding" (also Mediamarkt und Saturn) hat ein eigenes Bestellsystem und bestellt in der Regel ausschließlich bei Vertrieben, mit denen sie entsprechende Rahmenbedingungen vertraglich geregelt hat. Kleine Vertriebsfirmen mit zwei

Veröffentlichungen im Jahr und mäßiger Nachfrage nach den Künstlern scheiden in der Regel aus, da der Aufwand aus Sicht des Einzelhändlers zu groß ist. Derartige Abnehmer müssen Sie anders erreichen, zum Beispiel, indem Sie mit einem größeren Vertrieb zusammenarbeiten, der an das Bestellsystem angeschlossen ist.

Retourkostenfalle

Bei einer CD-Bestellung entstehen auf der Vertriebsseite zunächst Kosten, die sich aus Bearbeitungs- und Versandkosten zusammensetzen. Wie bereits beschrieben, bestellen einige Händler nur bei Vertrieben, mit denen die Rahmenbedingungen vereinbart wurden. Üblicherweise wird in diesen Rahmenbedingungen auch geregelt, dass der Vertrieb die Retourkosten übernimmt, die dann anfallen, wenn sich eine CD als Ladenhüter entpuppt und zurückgeschickt werden muss. In solch einem Fall tragen im Endeffekt Sie als Label oder als Vertrieb die angefallenen Kosten. Auf diese Weise entsteht schnell ein finanzielles Minus, ohne dass die Musik auch nur einen Hörer erreicht hat.

Jeder möchte ein Stück vom Kuchen

Geht man davon aus, dass jeder in der Kette vom Hersteller bis zum Einzelhändler an einer verkauften CD etwas verdienen möchte, wird schnell deutlich, wie günstig der Tonträgerhersteller eine CD abgeben muss, damit sie zu einem finanzierbaren Preis beim Käufer landet. Künstler und Label, als die Initiatoren einer Veröffentlichung, geraten dabei oft in das Netz der Industriespinne und stehen vor vollendeten Tatsachen. Ein Umbruch in diesem Bereich verspricht die zunehmende Digitalisierung, die den logistisch verursachten Finanzaufwand – auf lange Sicht gesehen – gegen Null drückt.

Die „große Maschine" anzuwerfen ist in der Summe mit hohen Kosten und Risiken verbunden. Bleiben Sie also realistisch, wenn es darum geht, ob sich das lohnt.
Einen wichtigen Zusammenhang sollten Sie nicht vergessen:

Je höher Ihre Betriebskosten und Strukturen sind, desto kaufkräftiger muss die entsprechende Zielgruppe sein, um Ihre Kosten zu decken und unter Umständen Ihren Lebensunterhalt zu sichern.

Die Zusammenarbeit mit einem physischen Vertrieb

Möchten Sie keinen eigenen Vertrieb gründen und diese Aufgabe in andere Hände legen, dann können Sie versuchen ein Vertriebsdeal zu ergattern. Als Label mit einer Veröffentlichung ist das oft schwerer, als wenn Sie zehn Titel im Katalog haben. Natürlich hängt es unterm Strich nur davon ab, ob Sie den Vertriebspartner auf inhaltlicher wie auf strategischer Ebene von Ihrem Produkt überzeugen können. Ein guter Vertrieb muss nicht nur zum Genre eines Labels passen. Er muss auch Personal im Außendienst haben, das gut etabliert ist und sämtliche in Frage kommenden Einzelhändler von der Produktion überzeugt und vor Ort für eine entsprechende Präsentation sorgt. Die Auslieferung muss termingenau zum festgelegten VÖ-Termin erfolgen.

Einige kleinere Labels bieten gezielt den Musikvertrieb für andere Labels an (zum Beispiel die Firma „Supermusic" aus Ratingen).

Für die Planung eines internationalen Vertriebs sollten Sie darauf achten, welche Länder der Vertrieb beliefert. Teilweise empfiehlt es sich, im jeweiligen Land einen entsprechenden Vertriebsdeal mit einer ortsansässigen Vertriebsfirma zu schließen, da diese die Bedingungen am Markt gut kennt.

Die Zusammenarbeit mit einem Vertrieb fußt auf vertraglich festgelegten Bedingungen. Ihr Label überträgt dem Vertrieb die Vertriebsrechte für ein bestimmtest Produkt. Die Vertragsgestaltung kann unterschiedlichen Umfangs sein, zum Beispiel bezüglich des Territoriums oder der Vertragsdauer. Vergessen Sie nicht, dass auch die Künstler Ihnen derartige Rechte im gleichen Umfang eingeräumt haben müssen.

Alternativen zum Standartvertrieb: physisch

Der Kreativität, eine CD zu vertreiben, ist keine Grenze gesetzt. Vielleicht verbergen sich auch gerade hier viele Chancen für Ihr Label und Ihre Künstler!
Wo hält sich der potentielle Käufer Ihrer CD auf und wie können Sie dafür sorgen, dass sich Käufer und CD über den Weg laufen?

Beispiel:
Stellen Sie sich vor, Ihr Label hat eine CD im Katalog, die nicht bei Konzerten verkauft werden kann, weil es sich vielleicht um ein reines Studioprojekt handelt. Sie wollen zum Beispiel eine CD mit Entspannungsmusik verkaufen. Die Hauptzielgruppe könnten gutbetuchte Frauen sein, die um die 40 Jahre alt sind und wellnessbewusst einkaufen.
Die Chance, dass Ihre CD in einem Geschäft für hochwertige Körperpflegeartikel von den Damen zufällig gefunden wird, ist wesentlich höher, als dass die Käuferin in ein CD-Geschäft geht und dort auf die CD aufmerksam wird. In einem gut sortierten CD-Geschäft wird Ihre CD wahrscheinlich neben anderen Wellness-CDs stehen, was die Verkaufschance mindert, da es eine größere Auswahl gibt. An einem Samstagmittag würde die Käuferin also nur Ihre CD neben Seife und Peelings im Ladenregal der angesagtesten Boutique finden. Kurz darauf befindet sie sich in der Einkaufstüte. Sie haben nicht mehr getan, als die Chance eingeräumt, dass sich Ihre Musik und der potentielle Käufer begegnen.

Diese Herangehensweise können Sie nicht nur auf jegliche Musik und andere Zielgruppen übertragen, auch auf jede denkbare Art des Produktformates (mp3, CD, Vinyl, etc.). Seien Sie kreativ dabei, genauso kreativ, wie bei der Musik selbst. Erfinden Sie neue Wege, damit Ihr Label und Ihre Musik wahrgenommen werden. Bei einem Brainstorming dürfen alle Wünsche und Ideen formuliert werden, vor allem die, die im ersten Moment als unrealistisch eingestuft werden. Wenn die Idee gut ist, lässt sie sich immer irgendwie umsetzen!
Ohne ausreichend durchdachte Konzepte zu Vertrieb und Marketing kann es leicht passieren, dass jenseits des Freundeskreises Ihrer Projekte kaum CDs verkauft werden.

CD-Verkauf bei Konzerten

Als Klassiker und an Bedeutung zunehmender Schnittpunkt zwischen Fans und CD gilt der Verkauf bei Konzerten. Viele auftretende Künstler machen hierbei die meisten Einnahmen, die in Zusammenhang mit CD Verkäufen stehen. Nach dem Gig oder in der Pause haben es die Künstler leicht: die Zuschauer sind beeindruckt, haben einen netten Abend und identifizieren sich mit der Musik. Hierbei kann eine emotionale Bindung entstehen, die der Käufer vor dem Plattenregal durch die Betrachtung des CD-Covers nicht so leicht erfährt.

Verkauf auf Kommissionsbasis

Denken Sie zurück an das Beispiel mit der Entspannungsmusik: bauen Sie kleine Pappaufsteller, um beim Bäcker, beim Friseur oder sonst wo, Ihre CDs auf Kommissionsbasis zu verkaufen. Auch der ein oder andere unabhängige CD-Händler ist unter Umständen zu solch einem Deal bereit. Vergessen Sie dabei nicht, regelmäßig mit den Geschäften abzurechnen oder die Restbestände abzuholen. Derartige Fälle gibt es öfters und bringen Ihr Label bei zukünftigen Projekten in eine schlechte Verhandlungsposition.

Verkauf über Onlinebestellung

Wer eine Homepage hat, kann sie auch nutzen, um darüber CDs anzubieten. Gerade am Anfang können Sie auch ohne professionelles Shopsystem antesten, wie viele Bestellungen bei Ihnen eingehen. Dazu genügt zu Beginn ein Bestellformular oder der Verweis auf eine E-Mail-Adresse. Übernehmen Sie den Versand der CDs und der Merchandising-Artikel selbst und lassen Sie sich das unter Umständen von der Band entsprechend vergüten. Bei einer regionalen Band werden die Bestellungen nicht so hoch ausfallen, dass Sie mit dem Verschicken nicht nachkommen. Mit einer guten Organisation können Sie bereits hier den Zeitaufwand für die Organisation minimieren. Luftgepolsterte Briefumschläge kaufen Sie am besten in großen Mengen, was nicht nur Zeit sondern auch Geld spart. Das gleiche gilt für Briefmarken. Vielleicht lassen Sie sich noch einen netten Stempel mit Ihrem Absender anfertigen, schon können Sie in einer Minute eine CD verpacken.

Der eigene Onlineshop

Bevor Sie einen eigenen Internetshop einrichten, sollten Sie sich über die Richtlinien zu diesem Thema informieren. Der Aufwand steigt schnell ins Unermessliche, wenn AGBs korrekt formuliert sein wollen, die Lieferbedingungen erklärt werden müssen und das Widerrufsrecht beachtet werden muss. Sobald Ihre Waren auch außerhalb Deutschlands angeboten werden, worauf zum Beispiel die Verwendung der englischen Sprache hindeuten kann, müssen Sie auch die Gesetzeslagen der jeweiligen anderen Länder berücksichtigen. Unabhängig von den rechtlichen Hürden benötigen Sie ein Zahlungssystem, worüber die Kunden bezahlen können. Dazu gibt es moderne ePayment-Systeme, die Sie als Service in Anspruch nehmen und in Ihren selbst programmierten Shop einbauen können. Alternativ dazu können Sie auch von Shopsystemen gebrauch machen, die vorprogrammiert sind, aber individuell gestaltet werden können. Viele dieser Systeme können Sie in Kombination mit einem ePaymment-System mieten oder erwerben.
Eine überschaubarere Variante könnte auch ein eBay-Shop sein.

Eine Interessante Internetseite zu diesem Thema finden Sie unter:
www.shopbetreiber-recht.de

Amazon und Co.

Etwas aufwändiger als der Eigenvertrieb ist der CD-Verkauf über Amazon und andere Onlinegeschäfte. Je nach Anbieter können Sie selbst bestimmen, für welchen Preis die CD dort angeboten werden soll. Der Onlineshop bekommt dann eine prozentuale Beteiligung. Wenn Sie den Verkaufspreis nicht selbst angeben können, sollten Sie sich im Vorfeld darüber informieren, wie viel Euro das Versandhaus auf Ihren Preis aufschlägt, anderenfalls kann die CD ungewollt

teuer werden.
Bei diesen Geschäften wird ein Strichcode auf der Verpackung benötigt.

CD On Demand

Immer größerer Beliebtheit erfreut sich der Service „CD On Demand". Das Konzept dahinter ist, den Inhalt einer CD bei einem Anbieter dieses Services digital zu hinterlegen. Sie archivieren die Songs eines Albums also zum Beispiel auf einen Server. Die physische Umsetzung der CD (die CD-Herstellung) erfolgt als Einzelexemplar und erst dann, wenn eine CD bestellt wurde. Bei zahlreichen Internetanbietern werden grenzenlose Freiheit, gute Konditionen und ein weltweiter Versand beworben. Eines ist allerdings erwähnenswert und wird gerne vertuscht: es handelt sich dabei in der Regel um grafisch bedruckte, gebrannte CDs.

Die hier beschriebenen Vertriebsarten haben nichts mit dem üblichen Vertrieb eines Labels zu tun. Jede Band könnte derartig vorgehen, um einen Tonträger zu vermarkten. Dabei spielen weder GEMA noch GVL noch sonstige handelsüblichen Voraussetzungen eine große Rolle. Das Ziel derartiger Konzepte ist auch nicht mehr zwingend ein handelsübliches Produkt.
Ihr Label könnte diese Strukturen aber als einen Teil des Vertriebes parallel zu anderen Verkaufsmaßnahmen nutzen und für Bands derartige Strategien erarbeiten und ausführen.

Der digitale Vertrieb

Je nach Genre braucht ein Album längst nicht mehr physisch hergestellt werden, um beim Konsumenten zu landen. Besonders die junge Generation hat zum Teil gar keine Möglichkeiten mehr, CDs abzuspielen. YouTube, Handys und mp3-Player sind hier die gängigen Abspielgeräte.
Die Umstellung eines Produktes, das eigentlich immer physisch war und durch einen Vertrieb zum Käufer transportiert wurde, hin zu

einem Produkt, das digital erworben werden kann, ohne großartigen Kostenaufwand und Lagerhaltung, zieht allerlei Konsequenzen mit sich.

Aus Sicht der Tonträgerhersteller fallen zunächst einmal die Herstellungskosten des Verkaufsproduktes deutlich geringer aus. Hinzu kommt die Möglichkeit einer unendlich langen Verwertung, da das digitale Album nie ausverkauft sein muss. Dadurch kann ohne Mehraufwand das gleiche Produkt über Jahrzehnte ausgewertet werden. Wenn das schnelle Geld mit einem Hit für Sie jemals ein Ziel gewesen sein sollte, diese Zeiten sind vorbei. Zur Folge der digitalen Verwertung steigt das Angebot verfügbarer Musik und gehypte Bands tauchen oftmals nur noch in der temporären Gestalt konstruierter Stars auf. Bei der Ausrichtung eines Indie-Labels geht es mehr und mehr um konstanten, kleinen, aber hochwertigen Output, von dem die Fans nachhaltig erreicht werden. Das schafft Raum und Chancen für Nischenprodukte.

Der digitale Vertrieb hat darüber hinaus neue Gestaltungsmöglichkeiten für das Format der Veröffentlichung. Die Spiellänge von CD-Formaten ist zwar grob definiert, wenn es aber keine CD mehr gibt, weichen auch Kategorien wie EP, LP, Single etc. auf. Ob Sie zu unterschiedlichen Terminen einzelne Songs oder an einem Termin mehrere Songs veröffentlichen, können Sie in der digitalen Welt ohne Rücksicht auf die Herstellungskosten entscheiden.

Es entwickelt sich ein Modell, in dem die Zeitspanne zwischen der Fertigstellung eines Songs und seiner Veröffentlichung sehr eng zusammenrücken kann, wodurch die Fans ständig die Bandaktivität spüren können.

Für ein optimales Marketing können Sie beim Online-Vertrieb, ähnlich wie auch beim physischen Vertrieb, verschiedene Wege einschlagen oder miteinander kombinieren.

Eine Möglichkeit besteht darin, die Musik bei den bekannten mp3-Shops anzubieten. Dazu nutzen Sie entweder Ihren eigenen Vertrieb oder Sie arbeiten mit einem Vertrieb zusammen, der die Shops beliefert. Dieser Vertrieb stellt eine, in diesem Fall meist internationale, Infrastruktur zur Verfügung.

Die Zusammenarbeit mit einem digitalen Vertrieb

Das Angebot reiner Digitalvertriebe wird sowohl für Labels als auch für Künstler immer größer. Geworben wird meistens entweder mit prozentualen Umsatzbeteiligungen und kostenlosem Service, oder Sie bekommen den vollen Umsatz, zahlen aber eine Servicegebühr. Bevor Sie einen Vertriebsvertrag mit prozentualer Beteiligung unterzeichnen, sollten Sie herausfinden, wie hoch die Vergütung pro Download ist, die der Vertrieb von der Verkaufsplattform (zum Beispiel iTunes) erhält.

Ihre Musik in den führenden mp3-Shops anzubieten ist eine großartige Sache, die sich gerade auf lange Sicht und bei internationalen Produktionen lohnt. Ein großer Nachteil an diesen Strukturen ist, dass der Verkaufspreis Ihrer Musik von den Downloadportalen festgelegt wird. Wenn iTunes entscheidet, alle Downloads für den halben Preis anzubieten, können Sie da meistens wenig gegen tun. Hinzu kommt, dass ein mp3-Shop nicht dazu verpflichtet ist, Ihre Musik auch anzubieten. Ohne einen gut etablierten Vertrieb, der gegenüber den mp3-Shops Druck machen kann, müssen Sie teilweise Monate warten, ohne genau zu wissen, ob und wann der mp3-Shop Ihre Musik veröffentlicht. Hierbei können unangenehme Abhängigkeiten entstehen, bei denen Sie als Label etwas in der Luft hängen und nicht so richtig weiter kommen.
Wie beim physischen Vertrieb gilt auch hier:
vor der Zusammenarbeit mit einem Vertrieb sollte unbedingt sichergestellt werden, dass Sie die Vertriebsrechte der betroffenen Aufnahmen von Ihren Künstlern schriftlich übertragen bekommen haben, da Ihr Label bei Missbrauch dieser Rechte zur Verantwortung gezogen werden kann. Diese Rechte benötigen Sie in dem Umfang, der dem Vertrag, den Sie mit dem Vertrieb schließen, gerecht wird.

Beispiel: Ein Künstler überträgt Ihrem Label das Vertriebsrecht für

Deutschland. Ihr Label hat einen Vertriebsdeal mit einem digitalen Vertrieb, der weltweit alle großen mp3-Shops beliefert. Die vom Künstler an das Label übertragenen Rechte reichen in diesem Fall territorial nicht aus und Sie können dem Vertrieb keine ausreichenden Vertriebsrechte einräumen.

Flatrates und www.ZaOza.com

Musikflatrates sind keine „zaOza"-Erfindung sondern ursprünglich ein oft fehlgeschlagener Versuch der Musikindustrie, das Downloadgeschäft nutzerfreundlich und legal zu gestalten. Die Nachfrage nach einer möglichst großen Anzahl Downloads, wie sie illegal praktiziert wurde und wird, haben die Betreiber von diesen Flatrates erkannt und das gierige Sammeln von Musik-, Game- und Filmdateien unterstützt, indem sie diese Aktivitäten mittels einer monatlichen Grundgebühr legalisiert haben. Aktuelle multimediale Entwicklungen machen deutlich, dass die Menschen mit dem alleinigen Beschaffen von Musik nicht befriedigt sind. Sie wollen ihre Lieblingsmusik mit anderen teilen und sich darüber austauschen. Downloadportale wie iTunes dienen als reine Verkaufsplattformen, als virtuelle Plattenläden eben, bei denen die soziale Komponente außer Acht gelassen wird. Dabei liegt gerade hier die Basis für den Erfolg der meisten sozialen Netzwerke im Internet. Ein interessantes Konzept verfolgt die Internetplattform zaOza.com. Hier können soziale Kontakte über Freundeslisten gepflegt und dabei Musik konsumiert und getauscht werden. Es handelt sich dabei um ein kommerziell ausgerichtetes Angebot, das nicht auf Nischen sondern auf Massenprodukte aus ist. Der registrierte User bezahlt eine monatliche Grundgebühr und kann dafür völlig legal Musik konsumieren und mit anderen Menschen teilen. Diese Aktivitäten sind dadurch begrenzt, dass ein gekaufter Song nur mit einer bestimmten Anzahl Freunden geteilt werden kann, was den Konsum auf eine gewisse Art exklusiv machen soll. ZaOza.com bietet Musik zum Teil auch aktionsweise an, sodass ein Song beispielsweise nur von 100 Usern gedownloadet werden kann, danach ist er vergriffen. Ob zaOza.com das Portal der Zukunft wird oder nicht - interessant ist der Versuch einer Wertsteigerung und Wahrung des Urheberrechts durch Limitierung.

Alternativen zum Standardvertrieb: digital

Genau wie beim physischen Vertrieb, gibt es auch beim digitalen Vertrieb die Möglichkeiten, Musik anders zum Konsumenten zu bringen als über die klassischen mp3-Shops.
Zunächst sei noch einmal ins Gedächtnis geholt, dass der Onlinehandel theoretisch immer weltweit agiert. Durch die Nutzung von virtuellen Räumen, können aber auch bestimmte Nationen oder (weltweite) Szenen angesprochen werden. Wichtig ist dabei die feinfühlige Wahl der virtuellen Räume und deren User. Neben internationalen Angeboten, wie zum Beispiel Facebook, verfügt auch jedes einzelne Land und jede Zielgruppe über eigene angesagte Onlineforen und soziale Netzwerke. Diese können Sie gezielt nutzen, um über einen Künstler regelmäßig zu berichten oder eine anstehende Veröffentlichung anzukündigen. Verweisen Sie dabei auf eine Plattform, auf der die Musik zum Download angeboten wird oder einfach nur angehört werden kann. Derartige Maßnahmen werden ausführlicher im Kapitel „Promotion" behandelt.

Entscheidend beim Musikvertrieb, besonders im Online-Bereich, ist, dass ein Künstler (Online-) Fans braucht. Bei Musik ist es anders als bei den meisten Konsumgütern: man kennt die Musik vielleicht aus dem Radio oder von YouTube und kauft sie wenn sie einem gefällt. Ein Hamburger hingegen wird erst gekauft und dann gegessen.
Trotz aller Kosten, die Sie bei der Herstellung der Musik hatten: stellen Sie sicher, dass sich jeder in die Musik verlieben und ein aktiver Fan werden kann. Nur dann kauft er die Musik auch.
Ein unabhängiges und selbstloses Internetportal, das eine Alternative oder Ergänzung zu anderen mp3-Shops darstellt, finden Sie unter www.bandcamp.com. Hierüber können Sie Musik nicht nur verschenken und verkaufen, sondern auch in guter Qualität, werbefrei zum Anhören bereitstellen.

Vertrieb über „Rock Band"

Ein aktiver Bestandteil von Musik zu werden löst bei zahlreichen Menschen eine Faszination aus. Nachdem das Spiel „Guitar Hero" im Jahre 2006 in Europa auf den Markt kam und für hohe Verkaufszahlen sorgte, folgte 2008 das Spiel „Rock Band". Gespielt wird über Spielkonsolen mit dazugehörigen Instrumenten wie Gitarre, Bass, Keyboard, Mikrophon oder Schlagzeug. Die Bedienung der Instrumente ist zwar nicht wirklich real, dennoch sind motorisches Geschick und Rhythmusgefühl gefordert. Die Spieler hören nicht nur ihre Lieblingssongs, sondern sind für ein gutes Gelingen der Songs verantwortlich. Nebenbei genießen sie visuell eine animierte Band, die dem Original sehr nahe kommt.

Hinter diesem Spiel verstecken sich bisher undenkbare neue Marketing- und Verkaufsmöglichkeiten für Musik. In Zukunft können Künstler ihre Songs den „Rock Band" Spielern zugänglich machen. Mit einer speziellen Software werden dazu die Audiospuren der einzelnen Instrumente in midi-Signale umgewandet und entsprechend dem Spiel dargestellt. Auch der Look des Künstlers wird mit Hilfe von verschiedenen Parametern visuell animiert. Ist ein Song einmal zum Spielen bereitgestellt worden, können die Fans aus aller Welt mit ihrer internetfähigen Spielkonsole auf einen Server zugreifen, über den die Songs kostenpflichtig gedownloaded werden können. Vergütungsmodelle sehen zurzeit eine Beteiligung von 30% des Verkaufspreises für den Erschaffer des Songs vor.

Ganz einfach zu benutzen ist dieses Geschäftsmodell im Moment noch nicht. Zunächst müssen Sie sich einen kostenpflichtigen „Creators-Account" zulegen. Hierüber können Songs gekauft und angeboten werden.

Um einen Song in ein spielfähiges Format zu verwandeln und eine Band visuell zu animieren, müssen Sie die Software „Reaper" und „Magma" benutzen. Bevor ein konvertierter Song tatsächlich zum Verkauf zugelassen wird, wird er von anderen Usern getestet und muss unter Umständen von Ihnen verbessert werden. Hierdurch soll eine gute Spielbarkeit sichergestellt werden. Sobald alle Schwachstellen Ihrer Programmierung beseitigt sind, steht der Veröffentlichung nichts mehr im Wege.

Da die Bedienung der notwendigen Software nicht jedermanns Sache ist, verlangen darauf spezialisierte Unternehmen in den USA teilweise einige hundert Dollar pro Song.

Die Internetplattform für diese Spiele nennt sich „Rock Band Network" (RBN) und ist in Deutschland erst seit Anfang 2010 verfügbar. Bisher können Sie nur als US-Bürger einen „Creators-Account" anlegen, das soll sich in Kürze ändern.

Dieses neue Konzept der Musiknutzung steckt zurzeit noch in den Kinderschuhen. Die Webseiten sind teilweise noch im Aufbau und alles wirkt irgendwie schwammig. Sobald die Nutzerfreundlichkeit und die Zahl der User zunehmen, wird das sicherlich anders sein.

Neben mp3, CD und Vinyl ist dieses neue Format nicht zu unterschätzen.

Hauptverantwortlich für Musikvideospiele ist die Entwicklungsfirma „Harmonix Music Systems", ein Tochterunternehmen von „MTV Networks".

Weitere Infos unter:

www.rockband.com
http://creators.rockband.com

Hier wird einmal mehr deutlich, dass Majorlabels nicht mehr gebraucht werden und andere Firmen das Ruder übernommen haben. Die wirtschaftlich interessanten Bereiche werden immer mehr diejenigen, die den Zugang zu den Konsumenten sicherstellen (Telefonanbieter, Onlineplattformen, etc.) und diejenigen, die den Konsumenten zu Produzenten werden lassen (Apple's „Garage Band", „Rock Band Network", etc.).

Digitalvertrieb mit der „Music Trading Card"

Einen guten Einfall hatten die Macher der „Music Trading Card". Bei diesem Angebot handelt es sich um kleine Papierkarten, die mit individuellen Codes versehen werden. Auf einer Webseite wird durch

die Eingabe des Codes der einmalige Download eines Songs freige-
schaltet. Diese Karten können individuell gestaltet werden und ermöglichen den Verkauf digitaler Daten, zum Beispiel bei Konzerten.
Verschiede Vertriebe bieten diesen Service auch in Ergänzung zu
anderen Vertriebswegen an.

Alle Infos dazu unter:

www.musictradingcard.com

Musikpromotion
Ein sehr interessanter und wichtiger Arbeitsbereich eines Labels ist
die Promotion. Große Labels haben oftmals extra Abteilungen, in
denen Promoter arbeiten. Es gibt aber auch unabhängige Promotio-
nagenturen, die mit der Planung und Durchführung von Werbemaßnahmen gezielt beauftragt werden können. Diese Leute wissen, wie
wichtig sie sind und je nach Bekanntheitsgrad und Erfolg lassen sie
sich das auch entsprechend bezahlen. Was einen guten Promoter
auszeichnet sind zuverlässige Kontakte in verschiedenen Bereichen
der (Massen)Medien und ein geschicktes, nerviges Auftreten bei
denselbigen.
Ihr Label kann und muss, je nach Budget, die Aufgaben des Promoters auch teilweise selber in die Hand nehmen. Daher ist es sinnvoll,
den Arbeitsalltag der Promoter zu kennen.

Für jedes Produkt gibt es eine Zielgruppe. Es ist von Vorteil, wenn
Sie zu dieser Gruppe auch einen Bezug haben oder ihn herstellen
können. Bei Mainstreamprodukten kann die „Masse" über populäre
Radiosender, Fernsehsender, Zeitungen und Magazinen, etc. erreicht werden. Bei einer Band, die eher Randgruppen oder Szenen
anspricht, muss genau analysiert werden, was die Konsumenten
über den gemeinsamen Musikgeschmack hinaus noch miteinander
verbindet. Mittlerweile gibt es für jede Interessengruppe Foren im
Internet, Magazine, Radiosendungen, usw. Was auch immer es ist,
hier sollten Sie den Redakteuren die Türen einrennen. Machen Sie

Termine mit ihnen und erzählen Sie die Geschichte zu Ihrem aktuellen Projekt.

Ein wichtiger Termin beim Anlegen einer Marketingstrategie ist der Termin der Veröffentlichung (VÖ). Für den Fall, dass die gepressten CDs gleichzeitig als Promotion-CDs verwendet werden, sollten Sie unbedingt zwischen der Auslieferung der CDs vom Presswerk und dem Verkaufsstart ein paar Wochen Zeit einplanen. Diese Zeit nutzen Sie, um sämtliche in Frage kommenden Medien mit der CD zu bemustern. Für Magazine und Zeitschriften sollte die Bemusterung ruhig zwei Monate vor VÖ erfolgen. Pressemeldungen in der lokalen Zeitung funktionieren auch spontaner.

Radiobemusterung

Endlich kann die Radiobemusterung beginnen. Hierzu ist es hilfreich, das Sendeprogramm einer Radiostation zu kennen und den Künstler für konkrete Shows vorzuschlagen. Je nach Genre sind es nicht die kommerziellen Sender, die für Sie wichtig sind, sondern die kleinen Web-, Campus- und Lokalradios. Um systematisch vorzugehen ist es sinnvoll, die Radiostationen nach Regionen oder Tourplanung zu bemustern. Für jede Region muss dazu der Sender gefunden werden, der die Zielgruppe anspricht. Bei der Vielzahl an Radios gestaltet sich diese Arbeit als sehr aufwändig, ist für den Bekanntheitsgrad aber auch sehr effizient. Vielleicht können Sie auch aushandeln, dass Ihr Künstler ein Radiokonzert gibt, oder ein Interview mit Live-Musik, im Gegenzug kommt ein Song des Albums in die Playlist. Das ganze wird exklusiver, wenn es vor dem offiziellen VÖ passiert.

Eine gute Internetseite möchte ich Ihnen nicht vorenthalten. Hier finden Sie einen sehr gut geschrieben Erfahrungsbericht von John Richards, der das gesamte Thema „Radiobemusterung" lebhaft, detailreich und voller Tipps beschreibt:

www.kexp.org, Klick auf „ABOUT" + „GETTING AIRPLAY"

Die Ausführung der Radiobemusterung hat sich in den letzten Jahren etwas verändert. Während üblicherweise die CDs zu den Redakteuren geschickt wurden, erfolgt die Bemusterung heute immer mehr auf dem Onlineweg.

Onlinebemusterung

Seit 2002 gibt es das so genannte „Musik Promotion Network", kurz MPN. Darunter ist ein Archiv zu verstehen, in dem Veröffentlichungen samt Künstlerinfos, Cover und Songs in CD-Qualität zu finden sind. Redakteure aus Radio-, Print-, TV- und Onlinemedien nutzen dieses Archiv, um Musik für ihre Programme zu finden oder um über Künstler zu diskutieren und zu recherchieren. Auf Wunsch kann die Musik direkt vom Server in das Sendearchiv geladen werden. Auch über aktuelle Veröffentlichungen und Neuerscheinungen können sie sich dort informieren lassen.

Alle öffentlich-rechtlichen Sender nehmen seit 2004 am MPN teil. Die Zahl der teilnehmenden Privatsender steigt stetig an.

Die physische Bemusterung der teilnehmenden Redakteure könnte durch das MPN abgelöst werden, was Geld und Zeit spart. Wichtig bleibt dabei, dennoch den persönlichen Kontakt zu den Redakteuren zu suchen. Die Anonymität und Vielfalt der Online-Möglichkeiten hat auch Schattenseiten und ist unverbindlicher.

Als Label sollten Sie sich überlegen, wie wichtig es für Sie ist, Nutzer des MPN auf diesem Wege zu erreichen. Vielleicht finden Ihre Produktionen auch anders ihren Weg zu den richtigen Redakteuren. Die physische Bemusterung ist ja nicht abgeschafft. Für einzelne Projekte kann die digitale Bemusterung auch als Service von einem externen Anbieter in Anspruch genommen werden.

Die Teilnahme am MPN ist je nach Umfang nicht ganz billig und erfordert ein handelsübliches Produkt inklusive EAN, ISRC, LC, Label, etc.

MPN ist ein Service der „PhonoNet" GmbH, mehr dazu unter „PhonoNet".

Alle Infos hierzu: www.phononet.de

DJs

Neben Onlineredaktionen sind auch DJs wichtige Anlaufstellen für Ihre Promotion. DJs, die ihre Lieblingssongs in Fachmagazinen besprechen und vielleicht dadurch Einfluss auf interne Hitparaden nehmen, können die Verkaufszahlen und den Bekanntheitsgrad eines Künstlers ankurbeln. Wie auch bei der Radiobemusterung ist es wichtig, an wen die CD geschickt wird und mit welcher Absicht. Eine hohe Quantität führt gerade bei einer physischen Bemusterung oft zu unnötigen Kosten, nicht zu mehr Erfolg.

Der Promoter

Lassen Sie die Promotion durch eine Agentur ausführen, sollten die Kontakte des zuständigen Promoters zum Genre der Musik passen. Auf gute Promoter sind Sie angewiesen, aber gerade zu Beginn einer Zusammenarbeit sind Sie machtlos, was die Resultate betrifft. Wie viel Energie der Promoter in Ihr Projekt steckt ist für Sie auch nicht messbar, wodurch die Wahl des Promoters zu einer Bauchentscheidung wird.

Führen all diese Maßnahmen zum Ziel, würden die Leute die CD aus dem Radio bereits kennen, bevor sie im Laden steht, das Interview in der Zeitung auswendig drauf haben und abends im Club zu der Musik tanzen. Sie alle wissen: nächsten Freitag kommt die CD in den Handel, oder steht zum Download bereit. Jetzt liegt es nur noch am Vertrieb, dieses zu realisieren. Kleine Pappaufsteller und Poster, oder eine Werbeanzeige im Internet helfen dem Käufer, die neue Platte ohne langes Suchen zu finden. Wäre es nicht schön, wenn es so einfach wäre?

Webradios

Webradios erfahren zunehmende Beliebtheit und das sowohl auf der Seite der Konsumenten, als auch auf der Seite der Anbieter. Einer Studie der Firma „Goldmedia" aus dem Jahr 2009 ist zu entnehmen, dass sich zwischen den Jahren 2006 und 2009 die Zahl der Webradios von ca. 450 Stationen auf ca. 2200 Stationen fast verfünffacht hat. Wenn dieser Trend weiterhin anhält, wird die Zahl der derzeitigen 11,1 Millionen Zuhörer bis 2013 auf 21,4 Millionen ansteigen. Vorraussetzung für eine größere Nutzung der Webradios ist eine größere Verbreitung des Internetzugangs. Mobile Endgeräte wie Internetautoradios und Handys dienen dann als Radio der Zukunft, mit uneingeschränkten Konsummöglichkeiten der Webradios aus aller Welt. Gesendet wird derzeit hauptsächlich in mp3-Qualität. Die Programmgestaltung von Webradios fällt sehr unterschiedlich aus. Einige Sender bedienen Nischen, Randgruppen oder lokale Interessen, andere Sender richten sich an die breite Masse. Neben dem ausschließlichen Spielen von Musik nimmt der Wortanteil, nach dem Vorbild terrestrischer Sender, zu.

Besonders im Bereich der Werbung bieten Webradios neue Möglichkeiten. Vom Hörer angelegte Playlisten können von den Sendern ausgewertet und die Werbung personalisiert werden.

Damit die Bands etwas davon haben, dass ihre Musik zur Gestaltung des Programms beiträgt, bieten einige Sender an, die Künstler entsprechend der Nutzung ihrer Musik zu vergüten. Manche Sender verkaufen die Musik auch als Downloads und bezahlen die Künstler anteilig.

Problematisch und unbefriedigend ist die Abrechnung gegenüber Künstlern, die in der GEMA sind, oder gegenüber Lables die Mitglieder der GVL sind. Sowohl die GEMA, als auch die GVL kassiert zwar bei den Webradios ab, dies läuft aber in der Regel über Pauschalabgaben. Da diese Abgaben nicht zu erkennen geben, welche Songs gespielt wurden, ist eine Song-genaue Abrechnung mit den Labels und Künstlern auch nicht möglich. Das Geld wird daher gesammelt und an die Musikschaffenden ausgezahlt, die auch an der Song-genauen Ausschüttung der terrestrischen Stationen teilnehmen. Im Klartext: anstatt den Künstlern, die über Webradios supportet werden, die ihnen zustehende Vergütung zu geben, bekommen es die Künstler, die damit nicht zwingend etwas zu tun haben und ohnehin schon gut mitverdienen. Dabei ist gerade der kulturelle Reichtum und die direkte Konkurrenz zwischen Weltstars und lokalen Acts ein Gewinn des Internets. An dieser Situation ist klar erkennbar, dass die Verwertungsgesellschaften in Deutschland zumindest im Jahr 2011, die medialen Standards nicht ausreichend bedienen können oder wollen.

Wie die Verwertungsgesellschaften weltweit auf die durch das Internet ausgelöste Entwertung der Musik reagieren werden, wird sich in den nächsten Jahren zeigen. Es wird sicherlich eine strukturelle Änderung geben.

Eine Auflistung einiger Onlineradios finden Sie unter:

www.radioweb.de
www.surfmusic.de

Internetgedanken

Als in den 90er Jahren das Betriebssystem Windows von Microsoft eingeführt wurde und kurze Zeit später das Internet langsam aber sicher unverzichtbar wurde, definierte das einen völlig neuen und zukunftsweisenden Lebensstil. Es begann eine Entwicklung, die bis heute anhält. Nicht nur jede Generation und jeder Typ Mensch, sondern auch jede Berufsgruppe geht unterschiedlich mit diesen Neuerungen um. Für die Bevölkerung, die weder privat noch beruflich an das Internet heran geführt wird, keinen Computer im Zugriff hat, ist der Gewinn virtueller Freizeitgestaltung häufig nicht nachvollziehbar.

Für viele Kinder in Deutschland im Jahr 2011 stellt der Umgang mit Computern und die Kommunikation über das weltweite Netz die Normalität dar. Die Nutzung virtueller Räume ist ein aktiver Teil ihrer Realität. Die dadurch angestoßenen Veränderungen von Körper und Denkvermögen sind zurzeit nur abzuschätzen.

Portale wie Facebook, Twitter, Myspace, Wikipedia, etc. sorgen dafür, dass die Welt immer näher zusammenrückt und Meinungen, Interessen, Erfahrungen, Erlebnisse, Hilfestellungen, usw. miteinander teilt.

Noch vor 20 Jahren hat ein Jungendlicher seine Partyfotos vielleicht heimlich im Jugendfreizeithaus herum gezeigt, heute stellt er sie noch am Abend der Entstehung ins Internet, dazu bereit, sie mit jedem auf dieser Welt zu teilen. Das spricht für eine sehr selbstbewusste und transparente Generation.

Ein großer Gewinn der weltweiten Vernetzung ist die erhöhte Chance, Mitmenschen zu treffen, die ähnliche Interessen haben, wie man selbst. Je spezieller diese Interessen sind, desto mehr war man in der Vergangenheit mit ihnen alleine. Nun kann endlich auch der Sammler von Schuhcremes auf einen Gleichgesinnten treffen, was sein persönliches Glück erhöhen dürfte. Dieser intensive Interessenaustausch bringt einen rasanten Anstieg von Inhalten und Informationen mit sich. Die Fähigkeit über Sinn und Unsinn, Qualität und Ramsch, Gut und Böse, etc. zu urteilen, wird auf die Probe gestellt und ständig trainiert. Der Schauplatz für Bands und Künstler hat sich besonders durch Webseiten im Stil von YouTube oder Myspace innerhalb kürzester Zeit auf die ganze Welt ausgeweitet. Doch nicht nur der Schauplatz hat sich vergrößert, sondern auch das Angebot, über das jederzeit verfügt werden kann. Ausschlaggebend bei dieser Entwicklung ist der Drang der Menschen auf der gesamten Welt, sich mitzuteilen, in Kombination mit dafür bereitstehendem Equipment. Auf ihm beruht der enorme Boom interaktiver Webgestaltung. In den meisten Fällen entscheiden die Idee und der User über den Erfolg einer Internetseite. Erst dann beginnt unter Umständen die kommerzielle Auswertung dieser Portale, seitens großer Firmen, zum Beispiel durch Werbung oder Abonnements.

Diese neuartige Form der Erreichbarkeit der Menschen hat natürlich auch Auswirkungen auf die Musikindustrie. Zum einen gibt es die gerade angesprochene größere Vielfältigkeit. Besonders spürbar ist das für internationale Acts, die nun mit ihrer internationalen Reichweite nicht mehr alleine da stehen. Für sie kann es zu einem Rückgang der Nachfrage führen. Gewinner sind die kleineren Acts, die es immer leichter haben, ihre Nische in einem immer größer werdenden Umfang zu bedienen.

Eine Herausforderung ist der Umgang mit der sich zurzeit verändernden Wertschätzung für Güter wie Musik oder auch Software, die nicht physisch angefasst werden können, sondern nur noch als Button auf dem Desktop erscheinen. Die Konsumenten müssen lernen umzudenken, wofür neue Abrechnungsstandards und Strukturen benötigt werden. Beispielsweise Konsumflatrates oder kostpflichtige, werbefreie Webradios mit Vergütung für die Musikschaffenden, könnten hier eingreifen. Flächendeckende Konzepte dieser Art werden die Zukunft sein, nicht zuletzt, weil auch die Einschaltquoten bei den mächtigen Fernsehsendern schon seit einiger Zeit rückläufig sind und sich ebenfalls auf das Internet verlagern. Zumindest in einem Land wie Deutschland könnte eine Zeit kommen, in der alle Menschen zu jeder Zeit das mediale Unterhaltungsprogramm ihrer Wahl genießen können. Die mit der Tagesschau um 20:00 Uhr eingeleiteten Fernsehabende könnten auf lange Sicht aussterben. Dafür sorgt die Kombination aus 24 Stunden Wunschprogramm im Internet und einer Gesellschaft, in der immer mehr Menschen mit flexiblen Arbeitszeiten leben, die ihren Tagesablauf neu erfinden (müssen).

Für Ihr Musiklabel sind diese Veränderungen von großer Bedeutung. Was die Präsentation Ihrer Künstler betrifft, sollten Sie keinen Internettrend unentdeckt lassen und jeweils auf ihren Nutzen hin überprüfen. In den virtuellen Räumen, die Ihre Fans und Zielgruppen besuchen, sollten Sie und Ihre Künstler vertreten sein. Das vergrößert die Fanbase, die zu Konzerten kommt, die eine CD bestellt, einen Song downloadet, oder ein T-Shirt kauft – vorausgesetzt, es interessiert sich jemand für Ihren Künstler. Das gute an dieser Art Promotion ist: sie ist günstig. Der Nachteil ist das enorme Angebot, was nur mit guten Ideen, deren Nachhaltigkeit und viel Zeit besiegt werden kann.

Promotion über YouTube, Facebook, Myspace, SoundCloud, Twitter, etc.
Bei der Präsentation einer Band oder eines Künstlers im Internet können verschiedene Plattformen dazu dienen, die Fans zu erreichen. Einige der derzeit großen sozialen Netzwerke sind:

Facebook

Ein Portal wie Facebook eignet sich besonders gut zur virtuellen Pflege von Kontakten und zum Erweitern des Netzwerkes. Sie können Ihre Freunde über News und Veranstaltungen informieren und sie dadurch konstant an den Ereignissen der Künstler teilhaben lassen. Die Freunde können sich ebenfalls zum Beispiel durch das posten von Kommentaren oder das uploaden von Fotos einbringen. Facebook hat den Vorteil, dass es - zumindest im Moment - sehr volksnah ist und User verschiedenster Interessen hat. Hier wird auf der persönlichen Pinnwand nicht nur mitgeteilt, was man gerade so macht, sondern es kann auch ein Link zu externen Beiträgen wie Fotos oder Videos platziert werden. Mitmachen kann jeder, der einen eigenen Account hat.

Myspace, SoundCloud

Im Gegensatz zu Facebook eignet sich Myspace, um Audio- und Videofiles in das eigene Profil einzubinden und jedem Webuser zugänglich zu machen, auch denen, die über keinen Myspace-Account verfügen. Myspace-Seiten können individuell gestaltet werden und über Funktionen wie Blogs, Kommentare, Songs, Fotos, Top-Freunde und Video-Einbettung mit Inhalt gefüllt werden. Große Konkurrenz entsteht für Myspace durch SoundCloud, einem Portal zum Austausch von Musik. Der große Vorteil von SoundCloud besteht darin, dass es sich mit anderen sozialen Netzwerken kombinieren lässt.

YouTube

Bei YouTube können „nur" Videos hochgeladen werden, die dadurch ebenfalls der Allgemeinheit zugänglich gemacht werden. Auch hier haben angemeldete User die Möglichkeit, öffentliche Kommentare zu schreiben, wodurch ein internationaler Meinungsaustausch passiert. Neben den von YouTube empfohlenen Videos, können über eine Suchfunktion beliebige Videos gefunden werden. Wie auch bei anderen Suchmaschinen bietet dies die Chance, durch die gezielte Verwendung von populären Namen und Begriffen, die Klickrate zu erhöhen. Ein perfektes Beispiel dafür ist der Song „Schland Oh Schland", erschienen im Juni 2010. Die Gruppe „Uwu

Lena" hat den zu der Zeit angesagten Song „Satellite" von Lena Meyer-Landrut als WM-Song umgetextet. Dazu wurde ein passendes Video gedreht und bei „YouTube" unter anderem mit dem Titel „Uwu Lena – Schland oh Schland (Satellite Cover/WM-Song 2010)" eingestellt. Zu dieser Zeit hat das sehr viele Klicks generiert, weil tausende Leute nach Begriffen wie „Satellite", „Lena" und „WM" gesucht haben.

Twitter
Twitter eignet sich sehr gut, um tägliche News zu verbreiten. Es lebt allerdings davon, dass andere Leute Ihre News abonnieren. Für eine Kontaktpflege ist dieses Portal unter Umständen zu unpersönlich. Beiträge und Profile können auf Wunsch – im Gegensatz zu Facebook – öffentlich einsehbar gemacht werden.

7. VERBÄNDE

VUT

Dem VUT (Verband unabhängiger Tonträgerunternehmen) gehören rund 1200 Unternehmen der Musikbranche an. Das sind in der Regel unabhängige Tonträgerhersteller, Musikverlage und Musikproduzenten, aber auch Tonstudios, Vertriebe, etc. Als der Verband 1993 gegründet wurde, stand im Vordergrund, die Interessen von kleinen und mittelständigen Musikunternehmen sowie Indie-Labels zu vertreten. Heute repräsentiert er ca. 25% des deutschen Musikmarktes. Zusammen mit seinen Mitgliedern steht der VUT für die deutsche Musikszene und verfolgt die aktuellen Entwicklungen auf dem Musikmarkt. Diese vertritt er gegenüber Medien, Presse und Politik.
Den Mitgliedsunternehmen wird nachgesagt, dass sie in der Regel an hochwertigen und innovativen Produktionen interessiert sind und vor allem die nationale Musiklandschaft fördern wollen, jenseits von internationalen Massenprodukten.
Hierzu versucht der VUT besonders den Bereich „Kreativität und Artenvielfalt" zu fördern und aufrecht zu erhalten. Dabei kann es sich um praktische Ideen und deren Umsetzung handeln, aber auch um die rechtlichen und wirtschaftlichen Grundlagen, die es zu erhalten oder zu schaffen gilt. Der Dialog zwischen VUT und Mitgliedern ist für die Festlegung der Ziele erwünscht.
Mitglieder im Verband profitieren von einer organisierten Kommunikation der Mitgliedsunternehmen untereinander. Diese wird durch den Ausbau von Regionalgruppen verbessert. Seminare, aktuelle Veränderungen der Gesetzeslagen und Workshops, sowie Hilfestellung - gerade bei einer anstehenden Labelgründung - runden die Mitgliedschaft ab.
Auch im Arbeitsalltag eines Labels kann der VUT seine Wirkung zeigen. Der Verband hat mit verschiedenen Gesellschaften und Unternehmen spezielle Rahmenverträge geschlossen, die seinen Mitgliedern einen Vorteil verschaffen. Dazu zählen zum Beispiel die Rahmenverträge mit der GEMA, durch die die Produktionskosten etwas geringer ausfallen können, aber auch Verträge mit Onlineplattformen und anderen Unternehmen. Ebenso wird für VUT-Mitglieder

die Zuteilung des Erstinhaberschlüssels für den ISRC erheblich günstiger.

Das sind nur wenige Bespiele der Leistungen des VUT, eine komplette Übersicht finden Sie im Internet.

Der Mitgliedsbeitrag ist in drei Kategorien unterteilt. Für Existenzgründer kommt unter Umständen der reduzierte Jahresbeitrag von 200 Euro in Frage.

Informationen und Kontakt:

VUT - Verband unabhängiger Musikunternehmen e.V.
Fidicinstr. 3
10965 Berlin
Telefon: 030 / 530658 / 56 o. 57
Telefax: 030 / 530658 / 58
E-Mail: info@vut-online.de
Internet: www.vut-online.de

IFPI
Auf internationaler Ebene spielt die IFPI (International Federation of the Phonographic Industry) mit Sitz in London eine große Rolle. Die IFPI ist der Weltverband der Phonoindustrie, ihm gehören 75 nationale Phonoverbände an. Als internationaler Verband hat die IFPI die Möglichkeit, über die Landesgrenzen hinaus, Regeln im Umgang mit internationalem Urheberrecht, Musikpiraterie, digitalen Medien und dergleichen, zu kommunizieren. Auch gegenüber der Politik stellen ihre Vertreter einen Ansprechpartner dar. Auf internationaler Ebene getroffene Maßnahmen werden anschließend über die nationalen Phonoverbände ausgeführt. Ein Beispiel dafür ist die schrittweise Einführung des ISRC, die vom Bundesverband Musikindustrie organisiert wird.

Informationen und Kontaktdaten:

IFPI Sekretariat
10 Piccadilly
London
W1J 0DD
United Kingdom
Telefon: +44 (0) 20 7878 7900
Telefax: +44 (0) 20 7878 7950
E-Mail: info@ifpi.org
Internet: www.ifpi.com

Bundesverband Musikindustrie e.V.

Der Bundesverband Musikindustrie ist Mitglied der IFPI und damit auch die deutsche Vertretung der Phonoindustrie. Hier werden die Regeln für den deutschen Musikmarkt entsprechend internationaler Planungen aufgestellt.

Nationale Interessen werden vom Bundesverband Musikindustrie verfolgt. Der Bundesverband greift aktiv in die Gestaltung der Musikbranche ein. Bestehende Strukturen und Konzepte werden ständig verbessert, neue Standards entwickelt und umgesetzt. Dabei handelt es sich zum Beispiel um Verhandlungen mit der GEMA, Abrechnung der GVL-Erlöse, Bemusterung der ARD-Schallarchive für die Ermittlung und Vergabe von Platin- und Goldschallplatten, die Reglements zur Ermittlung der Charts, Verleihung des ECHOs und vieles mehr.

Um die gesetzten Ziele zu realisieren, werden notwendige Unternehmen vom Bundesverband neu gegründet (zum Beispiel die PhonoNet GmbH) oder es werden die Dienstleistungen externer Firmen in Anspruch genommen (zum Beispiel media control).

Als Wirtschaftsverband nimmt der Bundesverband Musikindustrie die Interessen seiner ca. 350 Mitgliedsunternehmen aus verschiedenen Bereichen der Musikindustrie wahr und vertritt sie gegenüber Politik, anderen Verbänden, Gesellschaften und Institutionen. Der Schutz des Urheberrechts, Schutz von geistigem Eigentum, sowie Werterhaltung von Musik und Kultur spielen dabei eine wesentliche Rolle.

Medien dient der Verband als Ansprechpartner für aktuelle Entwicklungen auf dem (internationalen) Musikmarkt. Ein umfassendes Angebot an Statistiken, Zahlen und Fakten rund um die Musikindustrie können auf der Homepage des Verbandes genutzt werden.

Mitgliedsunternehmen erhalten darüber hinaus neben Vergütungen, Vergünstigungen und Rabatten auch Serviceleistungen und Beratungsmöglichkeiten zum Thema Musikindustrie.

Beim Eintritt in den Bundesverband Musikindustrie fallen eine Aufnahmegebühr von derzeit 651 Euro und ein Jahresbeitrag von 744 Euro an.

Die umfangreiche Internetseite sollten Sie als Gründer eines Labels, aber auch als Künstler, auf jeden Fall einmal besuchen. Auch hier, ähnlich wie beim VUT, lassen sich aktuelle Berichte rund um die Branche einsehen.

Informationen und Kontaktdaten:

Bundesverband Musikindustrie e.V.
Reinhardtstraße 29
10117 Berlin
Telefon: 030 / 59 00 38 / 0
Telefax: 030 / 59 00 38 / 38
E-Mail: info@musikindustrie.de
Internet: www.musikindustrie.de

8. CHARTS

Der Begriff „Charts" ist im Laufe der letzten Jahre immer unkonkreter geworden, da Radiosender und Internetanbieter zunehmend ihre eigenen Charts eingeführt haben.

Dennoch bestehen die „offiziellen deutschen Charts" weiter, gemeint sind damit die „media control Charts" im Bereich der Verkaufscharts und die „Nielsen Music Control-Charts" im Sektor Airplaycharts.

Diese offiziellen Charts werden im Auftrag des Bundesverbandes Musikindustrie e.V. durch die Firmen media control und Nielsen Music Control erhoben.

Beide Firmen handeln nach identischen Regeln, die sie vom Bundesverband vorgegeben bekommen.

Die offiziellen deutschen Charts

Seit 1997 erfolgt die Berechnung der Charts ausschließlich mit Hilfe computergestützt ermittelter Daten. PhonoNet als Schnittstelle zwischen Tonträgerhersteller und Tonträgerhändler ist dazu mit über 3000 Kassensystemen verbunden. Hier werden Verkaufsinformationen gesammelt und an media control weitergeleitet. Dazu gehören Artikelnummern, Anzahl der verkauften CDs pro Kassiervorgang, Verkaufspreis, Datum und Uhrzeit. All diese Daten werden von media control gesammelt, bewertet und führen dann entsprechend zu einem Chartergebnis.

Analog dazu funktioniert das bei Downloads; hier werden allerdings die Informationen vom Onlineshop direkt an media control geschickt.

Der Auswertung dieser Daten liegen verschiedene Regeln zugrunde. Es lässt sich grob sagen, dass die Anzahl verkaufter CDs je nach Händlergruppe unterschiedlich gewichtet wird. Jeder Tonträgerhändler, der an diesen Auswertungen teilnimmt, wird einer bestimmten Händlergruppe zugewiesen. Ein kleiner Einzelhändler auf dem Lande ist in einer anderen Gruppe als die Filiale einer großen Handelskette in einer Hauptstadt. Wieder eine andere Gewichtung erfahren Downloads im Onlineshop.

Darüber hinaus wird das Handelsvolumen aller Regionen in Deutschland gemessen und Mittelwerte auch in Bezug auf verkaufte Titel gebildet. Im Falle von zu starken Abweichungen dieser Werte finden Überprüfungen und in Einzelfällen auch Streichungen der Daten statt. Nicht alle Händler tragen direkt zur Berechnung der Charts bei. Für die wöchentlichen Auszählungen werden die Werte von per Zufall ausgewählten Händlern aus allen Händlerkategorien herangezogen.

Bei den Charts werden die Formate DVD, SACD, CD, LP, MD und Downloads berücksichtigt. Eine Vorraussetzung ist, dass der musikalische Inhalt mindestens einen 50 prozentigen Anteil nimmt; ein Kriterium was eventuell bei Musikvideos oder Videos eine Relevanz findet.

Veröffentlichungen können sich für vier verschiedene Kategorien qualifizieren, die Longplay-Charts, die Single-Charts, die Repertoire-Charts und die Download-Charts. Diese Kategorien haben jeweils weitere Untergruppen.

Zu den Longplay-Charts gehören die TOP-100-Longplay-Charts und die TOP-30-Compilation-Charts (sofern es kein „Projekt" ist und mindestens drei verschiedene Künstler aufweist. Ist es ein „Projekt" zählt es zu den Artist-Charts).

Zu den TOP-100-Single-Charts gehören Maxi-Singles mit maximal 5 Songs und 23 Minuten Spielzeit (Remixe zählen nicht mit), Einzeldownloads und Download-Single-Bundles.

Die Repertoire-Charts sind in folgende Genre unterteilt: TOP-20-Klassik-Charts, TOP-20-Schlager-Longplay-Charts, TOP-30-Jazz-Charts, TOP-20-Newcomer-Charts, TOP-10-Comedy-Charts, TOP-20-Musik-DVD-Charts.

In den Download-Charts werden alle kommerziellen Downloads ausgewertet, (bezahlte) Streams zählen nicht mit.

Es kann auch vorkommen, dass ein Künstler in mehreren Charts auftaucht. Er könnte zum Beispiel in den Online-Charts, den Repertoire-Charts und den Single-Charts gleichzeitig vertreten sein.

Airplaycharts

Die Airplaycharts werden von der Firma Nielsen Media Control erhoben. Das Reglement ist identisch mit dem der offiziellen Charts, nur die Erhebung funktioniert anders. Hierzu sind in Deutschland derzeit 14 Titelerkennungsgeräte aufgestellt, die terrestrisch, per Kabel oder per Satellit mit 130 Radiosendern verbunden sind. Mit der „Fingerprint"-Technologie werden die gesendeten Songs registriert und ausgewertet. Auch hier erfolgt dann einmal wöchentlich die Erstellung von Charts verschiedener Kategorien.

Um überhaupt an diesen Auszählungen teilzunehmen, müssen Sie Ihre Titel an die Firma Nielsen Media Control schicken, wo sie dann mit einem Fingerprint versehen werden. Ohne die Einsendung der Songs, kann auch nicht an der Auszählung teilgenommen werden.

media control

Die Firma media control taucht immer wieder in verschiedenen Zusammenhängen auf. Daher wird sie hier noch einmal kurz vorgestellt.

Ursprünglich wurden von media control Musik- und Video-Charts erstellt, einige weitere Produkte folgten (Buch-Charts, Kino-Charts, Game-Charts, Musik-Download-Charts, Ringtone-Charts, Filesharing-Charts, Pharma-Charts, Sport-Charts, u.a.).

Neben der Chartermittlung erhebt media control TV-Quoten, führt Umfragen aus, errechnet Statistiken, etc.

Das Unternehmen hat sich als eines der größten Marktforschungsunternehmen etabliert und das nicht mehr allein in der Entertainment Branche.

Für ein jährliches Highlight sorgt die Vergabe des deutschen Medienpreises, die von media control durchgeführt wird.

Informationen und Kontaktdaten:

media control
Medienzentrum
Augustaplatz 8
76530 Baden-Baden
Telefon: 07221 / 366 / 02
Telefax: 07221 / 366 / 249
E-Mail: contact@media-control.com
Internet: www.media-control.de

9. ZUM EIGENEN PLATTENLABEL IN 10 SCHRITTEN

Sie haben sich überlegt, dass Sie ein Label gründen wollen und haben konkrete Projekte im Hinterkopf.
Ein Grafiker hat Ihnen vielleicht bereits ein aussagekräftiges Logo für Ihren Labelname designed.
Passen Labelname und Logo zum Stil des Labels?

Bei der Vielzahl von Dingen, die Sie jetzt organisieren müssen, soll die hier aufgezeigte Reihenfolge dabei helfen, etwas Ordnung zu schaffen und einen Überblick über die anstehenden Kosten liefern. Nicht alle hier genannten Schritte sind nötig, um am Ende als Label da zu stehen.

Die Reihenfolge der Schritte 1. bis 4. können abhängig von der Rechtsform des Lables auch umgedreht werden. Eine GmbH beispielsweise trägt ihren Namen ins Handelsregister ein, wodurch bereits ein gewisser Schutz des Firmennamens besteht. Die Ausarbeitung eines Gesellschaftervertrags kann natürlich auch als erstes erfolgen.

Schritt 1: Domainreservierung
Auf die steigende Bedeutung des Internets muss hier nicht noch einmal eingegangen werden.
Eine Visitenkarte im Netz zu hinterlegen sollte selbstverständlich sein.
Aktivitäten, die das Label betreffen, die Ankündigung eines Releases und ein Portrait der Künstler machen - sofern sie nett formuliert sind - direkt sehr viel aus.
Der Internetauftritt sollte so professionell wie möglich gestaltet werden, aber auch nicht krampfhaft teuer aussehen wollen, obwohl er es nicht ist. Auch bei der Gestaltung sollte ein Grafiker mitarbeiten.
Es geht in diesem ersten Schritt darum, die Präsentation nach außen so gut wie möglich zu gestalten, es muss ja nicht für jeden

gleich ersichtlich sein, dass Sie unter Umständen noch keine Geschäftsräume anmieten und von Ihrem Wohnzimmer aus arbeiten. Auch Ihr Briefkasten benötigt eine Kennzeichnung mit dem Labelnamen, damit der Briefträger die Post richtig einwirft.

Schritt 2: Eintragung einer Marke beim Deutschen Patent- und Markenamt

Diese Eintragung ist nicht verpflichtend, auch nicht immer nötig. Unter Umständen kann es auch vorkommen, dass ein Name nicht als Marke geschützt werden kann. Neben einem frei erfundenen Namen kann natürlich auch der eigene Name als Labelname dienen.

In der Praxis hat ein fiktiver und als Marke eingetragener Name dann einen Vorteil, wenn Sie langfristig planen und dazu die Gewissheit haben möchten, diesen Namen auch verwenden zu dürfen. Sobald sich die Fans auch mit dem Label identifizieren, ist eine spätere Namensänderung nicht gerade von Vorteil.

Ist Ihr Name nicht registriert und wird er bereits von einem anderen Unternehmen in einer ähnlichen Branche benutzt, kann das dazu führen, dass Sie keine Produkte mehr unter diesem Namen verkaufen dürfen. Dadurch könnten unnötige Kosten und Folgeschäden entstehen.

Eine Marke kann entweder als reine Wortmarke oder in Kombination mit einem Logo eingetragen werden. Die Eintragung dieser sogenannten Wort-/Bildmarke kann von Ihnen selbst oder von einem Anwalt durchgeführt werden und erfolgt beim Deutschen Patent- und Markenamt.

Am Anfang einer Eintragung steht immer eine Recherche. Dabei muss geprüft werden, ob der Markenname bereits existiert und für Ihr Betätigungsfeld bereits durch jemand anderes geschützt wurde. Nach der Recherche erfolgt, wenn möglich, die Eintragung als Wort- oder Wort-/Bildmarke.

Bei einer deutschlandweiten Eintragung können ab 300 Euro bis zu 3 Klassen angegeben werden. Diese Klassen geben Auskunft darüber, in welchen Branchen der Markenschutz erfolgen soll. Dazu sind 50 zur Verfügung stehende Klassen vorformuliert. Die für Ihr Betätigungsfeld entsprechenden Klassen müssen Sie bei der Eintragung angeben und daraus entsprechend die Inhalte so genau wie möglich verfassen. Alle Klassen, die Sie angeben, müssen Sie auch verwenden. Eine Recherche, die Formulierung der Klassen und die Eintragung übernehmen Anwälte aus dem Bereich Marken- und Patentschutz gegen die Zahlung eines Honorars.

Möchten Sie hierbei etwas sparen, können Sie zumindest das Anwaltshonorar reduzieren. Im Markenregister des Deutschen Patent- und Markenamts hat jeder die Möglichkeit, bereits bestehende Markenanmeldungen einzusehen. Ebenfalls können hier die Formulierungen des Schutzumfanges mit den verschiedenen Klassen gelesen werden. Es gibt keine Garantie für die Richtigkeit der Formulierung, aber als Orientierung können Sie die mit Ihnen vergleichbaren, bereits eingetragenen Labels, verwenden und von einem Anwalt korrigieren lassen.

Sie haben bei einer Markeneintragung die Wahl, für welches Land Sie Ihre Marke registrieren. Neben einer Anmeldung in Deutschland, gibt es für Europa eine vergleichsweise preiswerte Kollektivmarke, deren Schutzansprüche sich auf alle EU-Staaten beziehen. Da eine weltweite Eintragung kaum finanzierbar ist, sollten Sie Ihre Marke in den Ländern schützen, in denen Sie Ihre Waren anbieten möchten. Eine Vergrößerung dieses Territoriums ist auch nachträglich noch möglich.

Alle Informationen zu diesem Thema, inklusive des Klassenverzeichnisses, bekommen Sie beim Deutschen Patent- und Markenamt unter:

Deutsches Patent- und Markenamt
Zweibrückenstraße 12
80331 München
Telefon: 089 / 2195 / 0
Telefax: 089 / 2195 / 2221
E-Mail: info@dpma.de
Internet: www.dpma.de

Die Zeichen ©, ® und ™

© bedeutet „copyright" und hat keine rechtliche Wirkung. Es weist nur darauf hin, dass ein entsprechender Inhalt geistiges Eigentum in Besitz des Urhebers ist. Von diesem Urheberrecht macht jeder Deutsche Gebrauch, der Schutz greift ab Entstehung eines Werkes. Eine Vervielfältigung ist nur mit Genehmigung des Urhebers gestattet.

® = registrierte Marke, wird zwar auch in Deutschland gerne etwa zur Untermauerung eines professionellen Erscheinungsbildes genutzt, schafft aber hierzulande rechtlich keinen Vorteil. Das ® wurde aus dem angloamerikanischen System importiert.

™ = Trade Mark. Dieses Zeichen besagt, dass es sich um eine unregistrierte Marke handelt, der Inhaber aber seinen Anspruch daran erhebt. Das Trade Mark Zeichen wird in Deutschland nicht vergeben.

Der Markenname ist nicht mit dem Firmennamen zu verwechseln. Der Firmenname wird dadurch geschützt, dass Sie ihr Unternehmen, zum Beispiel als GmbH oder e.K. in das Handelsregister eintragen lassen. Das ist jedoch unabhängig vom Markennamen.

Schritt 3: Wahl der Rechtsform

Ob sie eine (Ein)Personengesellschaft oder eine Kapitalgesellschaft gründen, hängt von Ihrer Situation ab. Arbeiten Sie alleine, ist die Gründung einer Einzelunternehmung sehr unkompliziert. Hierbei ist darauf zu achten, dass bei der Bezeichnung Ihrer Firma auch immer Ihr bürgerlicher Name auftaucht, zum Beispiel durch die Angabe: „Inhaber XY".

Bei Personen- und Kapitalgesellschaften müssen entsprechende Verträge die Beteiligung und Haftung regeln. Unter Umständen sollte ein Berater hinzugezogen werden. Je nach Rechtsform ist eine Eintragung im Handelsregister erforderlich und erwirkt unter anderem den oben beschriebenen Schutz des Firmennamens.

Schritt 4: Gewerbeanmeldung beim Gewerbeamt

Um als Tonträgerhersteller zu arbeiten, benötigen Sie einen Gewerbeschein. Den bekommen Sie beim Gewerbeamt, die Kosten hängen vom Standort ab. In der Regel kostet dieser zwischen 20 und 40 Euro. Wichtig für das weitere Vorgehen ist, dass auf dem Gewerbeschein als Tätigkeit der „Betrieb eines Musik-Labels, Musikproduktion und -vertrieb" dokumentiert wird. Die GVL arbeitet nur mit Ihnen zusammen, wenn Sie eine derartige Tätigkeit angegeben haben. So sind Sie auch auf der sicheren Seite, wenn Sie beispielsweise an PhonoNet teilnehmen wollen, da Sie auch als Vertriebsfirma auftreten.

Schritt 5: Vertragsschließung mit den Künstlern

Formal gesehen sind Sie jetzt Tonträgerhersteller.
Als nächstes steht die Vertragsschließung mit dem Künstler an. Durch die Vertragsschließung regeln Sie neben der Rechtsübertragung auch die Verteilung der Einnahmen, die durch die anstehende Veröffentlichung entstehen. Je nach Künstler, Projekt und Aufwand, können Verteilung der Einnahmen und damit die Inhalte des Vertrages sehr unterschiedlich ausfallen.
Geregelt werden alle möglichen Situationen, die in der Zukunft eintreten können. Unter anderem geht es um Leistungsschutzrechte, Exklusivität, Territorium, Vertragsdauer, Vertriebsrechte, Namensrecht, Lizenzvergütung, Abrechnung und Zahlung etc. Je mehr Rechte Ihr Label besitzt, desto mehr Möglichkeiten hat es auch, die Musik auszuwerten. Zur Formulierung der genauen Inhalte können Sie Musterverträge verwenden, die entsprechend angepasst werden. Es ist zwar immer vom Budget abhängig, aber unter Umständen ist ein geeigneter Anwalt bei Vertragsschließungen für beide Seiten von Vorteil. Um das Anwaltshonorar so gering wie möglich zu halten, könnten Sie mit einem bereits angepassten Mustervertrag zum Anwalt gehen und dort überprüfen lassen, ob die Belange beider Parteien auch tatsächlich abgedeckt sind. Für eine gute Zusammenarbeit sollten alle Vertragspartner die Inhalte gut kennen und verstehen.

Tipp: Bereits durch die Wahl des Anwaltes haben Sie die Chance, sich in Ihrer Region etwas bekannter zu machen. Anwälte, wie auch Steuerberater, die auf die Medienbranche spezialisiert sind, kennen hier viele Leute, die eventuell auch für Sie interessant sein können.

Was für die Arbeit Ihres Labels unerlässlich ist, ist die Übertragung der Leistungsschutzrechte aller an den Vertragsaufnahmen mitwirkenden Künstler auf Ihr Label. Im Weiteren müssen die Herstellungs- und Vervielfältigungsrechte, sowie die Senderechte und die Rechte der öffentlichen Wiedergabe, sowie die Rechte auf private Vervielfältigung an Ihr Label übertragen werden. Darüber hinaus muss für die Übertragung der gerade genannten Rechte eine angemessene Vergütung geregelt werden. Unter Umständen genügt dazu im Einzelfall die Entlohnung in Form von Freiexemplaren. Möchten Sie mit der GVL zusammenarbeiten und einen LC beantragen, wird dieser erste Vertrag an die GVL geschickt. Ist die Rechtsübertragung unzureichend, kann es passieren, dass der Wahrnehmungsvertrag mit der GVL nicht geschlossen werden kann, damit entfällt auch die Vergabe des Labelcodes. Die genauen Anforderungen der Vertragsinhalte stehen in der Ausfüllhilfe des GVL-Wahrnehmungsvertrags.

Schritt 6: Pressung des Albums

Die fertigen Vertragsaufnahmen werden zusammen mit den Grafikdaten an das Presswerk geschickt. Denken Sie daran, sofern es Ihr Presswerk nicht erledigt, den „GEMA-Lizenzantrag Tonträger" bei der GEMA einzureichen und dessen Empfangsbestätigung an das Presswerk weiterzuleiten. Dies zu versäumen kann zu einer Lieferverzögerung führen.

Wenn Sie die EAN nicht selber generieren können, lassen Sie sich eine vom Presswerk zur Verfügung stellen. Entweder kann Ihr Grafiker sie in das Cover einbauen oder die Grafikabteilung des Presswerks übernimmt das für Sie.

Sobald Sie die Rechnung vom Presswerk erhalten haben, können Sie sich um Punkt 7 kümmern.

Gegenüber der GVL müssen Sie eine Pressung nachweisen, die zeitnah bei der GVL-Anmeldung liegt. Diesen Nachweis können Sie über die gerade erhaltene Rechnung erbringen. Ergänzend dazu müssen Sie noch einen der hergestellten Tonträger mitschicken.

Schritt 7: Vertragsschließung mit der GVL
Die GVL benötig einige Angaben und Nachweise, bevor sie den Wahrnehmungsvertrag unterzeichnet zurücksendet und Ihnen einen LC zuweist. Alle benötigten Unterlagen sind auf der Homepage der GVL aufgelistet und stehen zum Teil als Download zur Verfügung.
Ihrem Wahrnehmungsvertrag müssen folgende Anlagen beiliegen:
- Kopien der Künstlerverträge
- Kopie der Rechnung des Presswerkes (darf nicht älter als drei Monate sein)
- unterschriebener Wahrnehmungsvertrag
- „Fragebogen zum Antrag auf Abschluss eines Wahrnehmungsvertrages für Tonträgerhersteller"

Hinweise zum Ausfüllen dieses Fragebogens:
Unter Punkt 4. a) müssen Sie einen Vertriebsvertrag nach weisen. Es reicht unter Umständen auch aus, wenn Sie hier „Eigenvertrieb" eintragen.
Unter Punkt 4. b) müssen Sie mindesten drei Verkaufsstellen an geben. Eine könnte das Internet sein, zwei weitere müssen Sie ein richten. Insofern es zutrifft, können Sie unter Umständen nach Rücksprache mit der GVL auch angeben, dass die Veröffentlichung der CDs noch bevorsteht. Weisen Sie darauf hin, dass der VÖ bewusst hinausgezögert wird, um erst noch die Radiostationen zu bemustern. Das ist eine übliche Strategie.
Die weiteren Punkte dieses Fragebogens lassen sich auch gut mit der Ausfüllhilfe oder durch ein Telefonat mit der GVL abarbeiten.

- „Ergänzende Angaben zur Bankverbindung Tonträgerhersteller"
- „Markenmeldung für die GVL"
- „Ergänzende Angaben für steuerliche Zwecke Tonträgerhersteller"
- ein Belegexemplar der gepressten CD (kann zur Not nachgereicht werden)
- Kopie des Gewerbescheins
- Kopie der Markeneintragung, falls vorhanden
- Kopie des Vertriebsvertrages, falls vorhanden
- Kopie von Sendeverträgen, falls vorhanden
- Beantragen Sie formlos blanko LC-Sticker

Schritt 8: Vertriebs- und Marketingmaßnahmen laufen an

Sobald das Presswerk die CDs liefert, können Sie wie unter „Promotion" beschrieben, damit beginnen, die CDs zu verschicken. Gespräche mit Vertrieben hätten unter Umständen schon vor Fertigung der CD passieren sollen, vielleicht gibt es hier auch nach der CD-Herstellung gute Chancen mit dem fertigen Produkt zu überzeugen. Die Bemusterung der Radiostationen sollte solange hinausgezögert werden, bis Ihnen der LC zugeteilt wurde und Sie die Blankosticker von der GVL erhalten haben. Alle Radioexemplare versehen Sie dann mit ein bis zwei Stickern und tragen Ihren LC darauf handschriftlich ein.

Schritt 9: Bemusterung des Deutschen Rundfunkarchivs und des Deutschen Musikarchivs

Als Tonträgerhersteller sind Sie dazu verpflichtet, das Deutsche Rundfunkarchiv sowie das Deutsche Musikarchiv mit den von Ihnen hergestellten Aufnahmen zu bemustern.

Das Deutsche Rundfunkarchiv spielt für Sie konkret eine Rolle. Es registriert die CD und archiviert die darauf befindlichen Daten. Auch der LC wird hier vermerkt. Spielt ein Rundfunkender Ihre CD, benutzt er dieses Archiv, um anhand des LCs und des Interpreten

die gespielten Songs unter anderem gegenüber der GVL zu melden. Versäumen Sie die Bemusterung dieses Archivs, können die Radiostationen Ihre gespielten Interpreten auch nicht Ihrem Label zuordnen. Damit ist die Ihnen zustehende Ausschüttung gefährdet.
Das Rundfunkarchiv benötigt von Ihnen ein Exemplar Ihrer CDs mit LC.
Dem Deutschen Musikarchiv müssen Sie, wie im Prinzip jeder andere Mensch auch, der eine CD mehr als 25 mal herstellt, zwei Exemplare zur Verfügung stellen. Diese Exemplare werden archiviert und dienen der Kulturerhaltung. Sollte Ihre CD irgendwann vom Markt verschwinden, kann jeder Bürger, der einen triftigen Grund hat, die CD in diesem Archiv noch einmal einsehen.

Schritt 10: Berufsgenossenschaft und KSK

Nachdem Sie Ihren Gewerbeschein beantragt haben, wird sich die Berufsgenossenschaft automatisch bei Ihnen per Post melden. Sie werden dazu aufgefordert, Formulare entsprechend Ihrer Gegebenheiten auszufüllen. Falls Sie daraufhin zur Kasse gebeten werden, ist das unumgänglich. Haben Sie keine Angestellten, stehen die Chancen gut, dass Sie außer einer Registrierung nichts zu befürchten haben.
Bei der KSK müssen Sie sich selbst melden. Das sollten Sie zeitnah nach Gründung des Labels auch tun! Spielen Sie von Beginn an mit offenen Karten, welche Ausgabe auf Sie zukommen können, ist im Vorfeld in etwa abzuschätzen (siehe Künstlersozialkasse).
Sie haben jetzt formell gesehen alle nötigen Maßnahmen getroffen und können sich als Tonträgerhersteller bezeichnen.

Optional: ISRC, EAN, VUT

Sobald Sie den Gewerbeschein haben, ist der richtige Moment, um ISRC, EAN und eventuell ein Eintritt in den VUT zu organisieren. ISRCs zu verwenden ist zurzeit, wie bereits erwähnt, nicht verpflichtend. Sollten Sie sich dennoch dafür entscheiden, erhalten Sie als VUT-Mitglied einen Rabatt.

Die EAN benötigen Sie, um Ihre CDs in den Handel zu bekommen. Ist das Ihre Absicht, müssen Sie abwägen, ob Sie immer auf externe Firmen, wie zum Beispiel ein Presswerk, angewiesen sein möchten, oder ob Sie unabhängig immer wieder EANs generieren wollen.

GEMA nicht vergessen

Wenn Sie GEMA-pflichtige Musik herstellen, müssen Sie als Produzent auch die Lizenzen zur Vervielfältigung zahlen. Dazu kommt im Laufe der nächsten Monate eine Rechnung von der GEMA auf Sie zu. Das sollten Sie schon jetzt einplanen und darauf vorbereitet sein. Wie hoch die Forderungen ausfallen ist pauschal schwer zu sagen, Sie können versuchen, dass zusammen mit der GEMA grob zu besprechen. Beim darauf folgenden Ausschüttungstermin erhalten die Autoren und gegebenenfalls der Verlag einen Großteil davon zurück. Bei der Herstellung von Erstveröffentlichungen in Kleinauflagen mit eigener Musik (Künstler ist Komponist und Hersteller), sollten Sie überprüfen, ob der „GEMA-Lizenzantrag Mitglieder Eigenrepertoire" für Sie in Frage kommt, wodurch Sie die GEMA-Abgaben pauschal leisten können.

Liegt der Pressung keine GEMA-pflichtige Musik zugrunde, müssen Sie lediglich eine Bearbeitungsgebühr entrichten. Sie kann aber trotzdem über Ihr Label samt LC verbreitet werden! Die GEMA-Mitgliedschaft hat also kaum Einfluss auf die Arbeit Ihres Labels.

Steuern

Lassen Sie sich schon im Vorfeld über andere Steuern, mit denen Sie zu tun haben werden, von einem Fachmann entsprechend der von Ihnen gewählten Rechtsform informieren (Gewerbesteuer, Einkommensteuer, Lohnsteuer, Körperschaftsteuer).

Treten Sie als Einzelunternehmer auf, kommen neben der Umsatzsteuer zunächst nur je nach Ertrag die Einkommensteuer und die Gewerbesteuer auf Sie zu.

Kosten

Um einen Überblick über die entstehenden Kosten zu bekommen, wird jeweils ein grober Richtwert angegeben.

Grundausgaben, ohne Berücksichtigung der Betriebsausgaben (Telefon, etc.)

	Aktion	optio-nal	Kosten
1)	Domainreservierung	x	30 Euro
2)	Eintagung des Namens als Wort/Bildmarke beim Deutschen Patent- und Markenamt	x	ab 300 Euro
3)	Wahl der Rechtsform		evt. Beratungskosten
4)	Gewerbeanmeldung beim Gewerbeamt		20 bis 40 Euro
5)	Vertragsschließung mit den Künstlern		evt. Beratungskosten
6)	Pressung des Albums		ab ca. 800 Euro (Grafik, GEMA, etc. nicht vergessen)
7)	GVL-Anmeldung		Portokosten
8)	Vertriebs- und Marketingmaßnahmen laufen an, Bemusterung	x	je nach Promotionpaket
9)	Bemusterung der Archive		Portokosten
10)	Berufsgenossenschaft und KSK		Portokosten, zzgl. gegebenenfalls Abgaben
	Gesamtkosten mindestens:		ab 820 Euro

freiwillige Mehrausgaben, ohne Berücksichtigung der Betriebsausgaben (Telefon, etc.)

ISRC	250 Euro
Absenderstempel	25 Euro
Grafikdesign für Logo, Visitenkarten, kleine Internetvisitenkarte	ab 400 Euro
EAN	ca. 360 Euro im ersten Jahr
Promotionpakete inkl. Porto	ab 3,50 Euro pro Stück
Markeneintragung	ab 300 Euro
Domainreservierung	ca. 30 Euro
Visitenkarten	ca. 60 Euro
Mehrausgaben insgesamt	großzügig überschlagen ab 1500 Euro, ohne Beratungskosten und Eintritt in einen Verband

10. FAZIT

Die Gründung eines Labels ist im Vergleich zu anderen Firmengründungen gar nicht so teuer. Die meisten Arbeiten lassen sich am Anfang vielleicht von zu Hause aus regeln, außer einem Computer müssen keine Maschinen gekauft werden. Dennoch sind junge Labels oft knapp bei Kasse, da zum Beispiel die Einnahmen durch die Vergabe von Lizenzen mit starken Verzögerungen eintreffen.

Da Sie jetzt der Chef sind, können Sie die Musiklandschaft in Ihrem Umfeld aktiv beeinflussen und vielleicht sogar verändern.

Der Aufwand, den Sie betreiben müssen, um das Label arbeitsfähig einzurichten, ist gerade am Anfang sehr hoch. Der bürokratische Aufwand nimmt die meiste Zeit in Anspruch, da Sie Geschäftspartner finden und ausprobieren müssen, alle Ein- und Ausgaben kleinlich dokumentieren müssen, eventuell einen Steuerberater benötigen, ein Geschäftskonto einrichten müssen, usw. Stehen diese Strukturen einmal, können Sie damit beginnen, sie wirtschaftlich zu nutzen. Dauerhaft mehr Ausgaben als Einnahmen zu haben macht keinen Sinn und sollte unbedingt vermieden werden. Viele Labels brauchen Jahre, bis sie wirtschaftlich arbeiten können.

Haben Sie die erste Veröffentlichung hinter sich, ist es ratsam, Ihre Arbeit zu analysieren. Maßnahmen, die besonders gut oder besonders schlecht funktioniert haben sind das, woraus Sie lernen können. Maßnahmen, die dazwischen liegen sind am gefährlichsten, weil man sie leicht vergisst.

Viel Erfolg!